볼수록 만만한 스키 스노보드

볼수록 만만한 스키 스노보드

2012년 1월 5일 초판 1쇄 인쇄
2012년 1월 10일 초판 1쇄 발행

지은이 | 이경윤
펴낸이 | 장진혁
편집주간 | 이경자
편집진행 | 윤대호, 최수환, 심형희
편집디자인 | 공희, 이화정
영업 | 황승주, 이준희, 노윤규, 최재웅, 박병오
제작 | 류완규, 윤영수
마케팅 | 정종민, 백승남, 이대현, 김예진, 곽근애, 윤영조, 이은혜

펴낸곳 | 형설라이프
주소 | 경기도 파주시 교하읍 문발리 526-4
전화 | (031) 955-2336~9, (031) 955-2361
팩스 | (031) 955-2341
등록 | 제300-2007, 98호, 2007.6.4
홈페이지 | www.hslife.co.kr

ISBN ISBN:978-89-6621-410-5

값 10,000원

볼수록 만만한 스키 스노보드

지은이 이경윤 | 그린이 (주)형설이엠제이

형설Life

preface

21세기를 사는 사람들은 첨단 문명의 혜택 속에 과거에는 꿈도 꾸지 못할 문화생활을 누리고 있습니다. 그러나 이렇게 생활은 편리해졌건만, 사람들은 만족을 누리지 못하며 살고 있는 것 같습니다. 왜냐하면 여전히 일상은 쳇바퀴처럼 돌아가고 도처에 짜증나는 일들로 가득하기 때문입니다. 어디 그뿐입니까. 숨쉬기조차 힘든 탁한 공기에 믿지 못할 수많은 불량식품, 게다가 믿지 못할 사람들로 가득 찬 도시생활은 더욱더 짜증나기 마련입니다. 그래서 사람들은 이런 일상에서 벗어나고픈 일탈을 꿈꾸는지도 모르겠습니다.

그러나 상상해 보세요. 탁 트인 대자연의 설원 속에서 그 새하얀 눈밭 위를 마음껏 달린다고요. 아마 생각만으로도 그동안 쌓인 스트레스가 확 날아가 버릴 것만 같지 않습니까? 그런데 그런 일이 실제로 일어난다면, 그것은 더 대단한 일이겠지요. 그 꿈을 현실로 만들어주는 것이 바로 스키와 스노보드입니다. 스키를 타고 설원을 마음껏 질주하다 보면 어느새 세상 걱정, 근심, 스트레스는 한꺼번에 눈밭에 모두 날아가 버릴 것입니다.

스노보드는 어떻고요. 요즘 젊은 층에서 불고 있는 스노보드 열풍은 이런 현대인의 스트레스와 무관하지 않다고 봅니다. 세상에 꽉 눌린 젊은이들의 답답함과 열정이 스노보드와 함께 폭발한 것이지요. 스노보드는 설원 위의 질주요, 최고의 스트레스 해소법이거든요. 스노보드를 타고 설원을 질주하면서 온갖 난관을 뚫고 점프를 해대며 곡예를 한바탕 부리다 보면, 스트레스는 물론이고 세상의 그 어느 것도 두려운 것이 없을 정도가 되지요.

스키와 스노보드는 분명 그간 쌓인 여러분의 스트레스와 고민까지 확 풀어줄 것입니다. 게다가 삶에 자신감까지 더해줘 여러분의 생활을 더욱 활력 넘치는 생활로 바꿔 줄 것입니다. 이 책은 그런 결심을 한 분들을 위해 가장 기본적인 스키와 스노보드의 기술을 재미있는 스토리와 함께 담아 부담 없이 볼 수 있도록 구성하였습니다.

이경윤

contents

5. 나도 멋진 스키어, 스노보더

6. 가자, 평창으로

부록 – 스키, 스노보드 용어 정리

야호
드디어 일본 땅을
밟았다!
역시~
일본은 공기가
달라!
어휴~ 공기가 다르긴 뭐가
달라. 푹푹 찌고 끈적끈적
한 게 무슨 찜통에 와 있는
것 같은데……
뻘뻘
근데 삼촌은 왜
안 나와 있지?
혹시 안 왔을지도
몰라!
어허! 녀석들,
삼촌을 뭘로 보고.
너희 삼촌은
약속을 꼭 지키는
사람이야.
어머,
지난번 나한테
꿔간 돈 준다고
약속하고도 아직
안 갚았는데…….
브라보!
봐, 내 말이 맞지.
하여튼 당신은
그 입이 문제야,
문제!
찌릿
입이 열 개라도
할 말 없겠다!

이게 얼마 만이냐, 흑흑, 잘 지냈어?
두 달 만인데. 쩝!
하여튼 너희 아빤 삼촌을 끔찍이도 사랑한다니까!
아빠가 슬프니 우리도 슬프다!
바비와 브라보도 잘 있었어?
저희도 삼촌 무척 보고 싶었어요!
쳇, 한 번도 그런 말한 적 없으면서.
암, 삼촌은 우리 집안의 인물이야, 인물!
저 차 땜에 늦었다니까요. 대형 사고예요. 대형 사고!
이렇게 크게 사고 난 장면은 첨 봐!
쉬이이이이
어머, 끔찍해!
어머, 무서워라!

오늘은 피곤할 테니 일찍 주무세요.
아냐, 오늘 동계올림픽 개최지 발표하는 날이잖아!
맞아요, 그거 꼭 보고 자야 해요!
어머, 그거 밤 12시에나 한다던데…….
하하, 외국에 나오니 모두 애국자가 된 모양이네요!
에이~ 그래도 꼭 보고 자야죠.
좋아요! 오늘 우리 모두 TV 보면서 응원하자구요!
역시 삼촌은 화끈하다니까!
아, 떨려. 혹시 떨어지는 거 아닐까.
재수 없는 말하지 마. 말이 씨가 된다고!
하하, 브라보 말이 맞아. 자신감을 갖고 보자고!

지금부터 2018년 동계올림픽 개최지 선정을 위한 123차 IOC 총회를 시작하겠습니다.
스윽-
2018년 동계올림픽 개최지는 압도적인 표차로 대한민국 평창으로 결정되었습니다.
흑흑, 삼수 만에 해냈군!!
와아! 와아!
해낼 줄 알았어! 정말 대단해. 삼수 만에 해내다니!
벌떡
응, 기영이구나. 기철이 형도 잘 있지? 그래, 정말 대한민국 만세다, 만세!
어, 기영? 기철? 검정고무신 주인공 이름이랑 똑같네?
하하, 맞아. 바로 검정고무신 주인공한테 올림픽유치 축하전화가 온 거야!
에이, 설마…… 아빠 거짓말 하는 거죠?

1

스키에 빠지다

✻ 평창의 꿈에 부풀고

'이거 흥분이 쉽게 가라앉지 않는걸!'

이상하리만치 온 바비네 가족은 들떠 있었다. 사실 그전에는 동계올림픽에 그리 관심을 두지 않았던 가족인데도 말이다. 일본에 사는 삼촌의 초대로 온 여행에서 가족들은 애국심을 발휘하는 중이었다.

"우리 내일 어디 구경 갈까?"

삼촌의 말에 바비와 브라보는 시큰둥한 반응이다. 삼촌은 잔뜩 긴장했다.

"유명한 온천이 있는데……."

"에이, 날씨도 더운데 온천은 무슨 온천!"

바비네 가족은 일본 관광은 잠시 뒷전인 채 아직 평창의 감동에 빠져 있는 듯했다.

그때 삼촌이 머리를 굴리는가 싶더니 이렇게 외쳤다.

"그럼, 스키장은 어때?"

이 말 한마디에 갑자기 일순간 집 안에 흐르던 분위기가 확 바뀌었다.

"뭐, 뭐라고?"

"스, 스키장!"

"이 여름에 웬 스키장!"

"혹시 장난치는 거 아냐!"

모두가 전혀 믿지 못하겠다는 듯 건성으로 삼촌의 말에 대꾸했다. 그러나 삼촌은 만면에 미소를 씩 지어보이며 다시 한 번 또렷이 이렇게 말했다.

"평창 올림픽 유치 기념으로 스키장에 가는 건 어떠냐고요?"

"이 무더위에 재미없게 눈도 하나 없는 스키장에 가서 뭐하게?"

이번에는 아빠가 되받아쳤다.

"놀라지 마세요. 저는 지금 눈도 하나 없는 스키장에 가자는 게 아니라 하얀 눈이 쌓인 스키장에 가자는 거예요."

이번에 바비가 눈을 동그랗게 뜨고 물었다.

"도대체 이 한여름에 눈 덮인 스키장이 어디 있다는 거예요?"

삼촌은 껄껄껄 웃었다.

"있지, 일본에는 여름에 스키를 즐길 수 있는 스키장이 있다구!"

모두가 그동안 장난으로 여기던 눈빛에서 신기해하는 눈빛으로 확 바뀌었다.

"아니, 어떻게 그게 가능하지? 설마 실내 스키장 말하는 건 아니겠지?"

"물론 실내가 아니라 대자연의 설원에 펼쳐진 멋진 스키장을 말하는 거예요. 내일이면 제가 그 신비의 비밀을 풀어줄 테니 오늘은 모두 편히 자도록 해요."

다음 날, 바비네 가족은 모두 점심때나 되어서야 겨우 일어났다. 어제 늦게까지 잠을 설친 덕분이었다. 주섬주섬 아점아침 겸 점심을 먹고 드디어 짐을 챙겨 삼촌을 따라나섰다.

하지만 차에서도 바비네 가족들은 계속 드르릉 코만 골아댔다.

"어휴, 형님 코 고는 소리는 여전하구나!"

차는 어느덧 일본 중북부의 야마가타 현을 지나 갓산이란 곳을 향하고 있었다.

"모두 빨리 일어나 봐요!"

마치 차 문을 열어 버릴 듯 터지는 삼촌의 큰소리에 모두 화들

짝 잠에서 깨었다.

"모두 창밖을 봐요."

삼촌의 이 말을 끝으로 차 안에서는 갑자기 감탄사가 터져 나오기 시작했다.

"와! 신기하다."

"정말 산이 온통 눈으로 덮여 있네!"

"이게 꿈이야, 생시야!"

모두가 창밖에 펼쳐진 새하얀 설원을 보곤 벌어진 입을 다물지 못했다.

"도대체 이게 어찌된 거예요? 지금이 겨울인가?"

잠시 후 바비네 가족 앞에 멋진 여름 스키장이 펼쳐졌다.

"와, 진짜 스키장이다. 저기 봐, 사람들이 스키를 타고 있어!"

"삼촌, 이게 도대체 어찌된 일이에요?"

이번엔 브라보가 삼촌에게 질문했다.

영화 〈국가대표〉의 감동에 빠지다!

"이곳은 갓산 스키장이란 곳으로 일본에서는 여름 스키장으로 유명하지."

"어떻게 한여름에 눈이 녹지 않을 수 있지?"

"그건, 놀라운 과학의 원리가 숨어 있기 때문이지."

삼촌은 잠시 목청을 가다듬는 동작을 보인 후 말을 이었다.

"갓산은 우리나라 한라산과 비슷한 높이야. 2천 미터에 육박하지. 그리고 이곳 야마가타 현은 우리나라와 비슷한 위도에 위치해 있어. 아주 북쪽 지방도 아닌 셈이지."

"그런데 어째서 눈이 녹지 않고 있냔 말예요?"

바비가 못 참겠다는 듯 다그치며 물었다.

"허허, 성격도 급하긴…… 잘 들어, 좀 어려우니까. 동해, 그러니까 이곳에서는 일본해라고 부르는 바다에서 습기를 많이 품은 바람이 일본의 내륙으로 불어오는데, 이게 남북으로 길게 발달한 갓산의 산맥에 부딪쳐 엄청난 눈을 내리게 하거든. 특히 이곳 갓산에는 거의 폭설 수준으로 눈이 내려 한겨울에는 스키를 탈 수 없을 정도지. 수십 미터의 눈이 쌓이거든. 그리고 봄이 오고 여름이 되면서 서서히 눈이 녹지만 이곳의 해발고도가 높아 기온이 낮고 워낙 많은 눈이 쌓여 있어 7월까지도 10미터 정도의 눈이 녹지 않고 쌓여 있는 현상이 일어나지."

"와, 신기하다."

"그래서 갓산 스키장은 겨울에 개장하지 않고 봄에 개장해 여름까지 성수기를 맞이하지."

바비네 가족은 그제야 조금 이해가 되었다는 듯 고개를 조금씩 끄덕였다.

"참, 세상은 신기하고 오묘한 곳이야."

"엄마, 저기 좀 봐요. 너무 멋져!"

바비가 멋지게 스키를 타고 내려오는 사람을 보고 감탄하며 소리쳤다. 삼촌과 바비네 가족들은 부러운 듯 한여름 스키를 즐기고 있는 사람들을 바라봤다.

바비네 가족들이 갓산 스키장에 짐을 풀었을 때 이미 해는 서산에 기울고 있었다.

“당장 스키를 타고 싶겠지만 다들 초보라 밤에 스키 타는 건 위험하니 오늘은 쉬고 내일부터 타야 할 것 같은데.”

삼촌의 말에 바비가 펄쩍 뛰었다.

“당장 타고 싶다고!”

그러자 엄마가 걱정스러운 얼굴색을 하며 말했다.

“바비야, 그러다 다치면 어떡하려고 그래? 삼촌 말 듣자꾸나.”

하지만 바비는 막무가내였다.

“대신, 오늘 밤 스키 영화 〈국가대표〉 보여줄게.”

“나도 그거 보고 싶었는데.”

브라보가 탄성을 질렀다. 모두가 설득하여 바비도 겨우 꼬리를 내렸다. 대신 저녁 식사 후 갓산 스키장의 멋진 풍경을 산책하기로 약속하고 말이다.

산책을 마친 후 삼촌과 바비네 가족은 영화 〈국가대표〉를 감상하기 시작했다. 바비네 가족은 마치 눈밭 속으로 빨려 들어가듯 영화 속으로, 스키의 매력 속으로 빠져들기 시작했다.

“말로만 듣던 스키가 이렇게 멋진 스포츠인 줄은 몰랐어!”

“스키 중에서도 특히 스키 점프는 완전 스릴 만점이군!”

“우와, 대단한 담력이야, 난 죽었다 깨어나도 저건 못 탈 것 같아.”

영화를 본 후 저마다 한마디씩 감탄을 쏟아냈다. 특히 바비는 아직도 가슴이 뛴다고 했다.

“완전 스키 팬이 됐어! 얼른 스키를 타보고 싶어!”

그런 바비를 삼촌이 달래주었다.

“헤헤, 옛날 내 모습을 보는 것 같구나. 바비, 조금만 참아. 내일이면 맘껏 탈 테니까.”

하지만 바비는 〈국가대표〉를 다시 한 번 더 보겠다며 삼촌을 졸랐다. 이렇게 바비는 혼자서 두 번이나 영화를 보았다. 그런데도 좀처럼 감동은 사그라지지 않았다.

스키, 알아볼까요?

스키란?

스키의 어원은 '눈 위에서 신는 신발'을 뜻한다. 스칸디나비아어로 '얇은 판자'를 '스키'라고 불렀는데 여기에서 유래되어 스키란 용어가 탄생했다. 여기서 알 수 있듯 스키란 얇은 판자 모양으로 만든 길고 평평한 활면에 구두나 장화를 붙인 것을 신고 눈 위를 활주하는 스포츠를 말한다.

북유럽이나 시베리아 등지의 지방은 춥고 눈이 많기로 유명한 곳이다. 이런 지역에서 보통의 신발을 신고 이동하기란 쉽지 않다. 그러나 스키를 신고 미끄러지듯 이동하면 훨씬 빠르고 수월하게 이동할 수 있다. 이렇게 스키는 처음에는 교통수단으로 탄생했을 것이다. 그리고 시간이 지나면서 스키는 군사적 목적으로도 이용되었다. 많은 인원의 군대가 온통 눈으로 뒤덮인 설원을 이동하기에 스키는 안성맞춤이었다. 이후 스키는 발전을 거듭하였다. 그리고 사람들의 문명이 발달하고 여유가 생기자 오락으로 즐기는 대상이 되었다가, 지금의 스포츠로까지 발전하게 된 것이다.

평창의 올림픽 유치 도전사

평창의 동계올림픽 유치는 지역 발전 차원에서 처음 검토되기 시작하면서 출발하였다. 평창으로 올림픽을 유치하기 위해서는 일단 국내의 경쟁 도시를 이겨야 했다. 그곳은 전북 무주였으며 1년 3개월에 걸친 치열한 경쟁 끝에 드디어 평창이 동계올림픽 후보 도시로 선정되었다. 그러나 당시만 해도 평창은 국내에도 잘 알려져 있지 않은 도시라 반응은 시큰둥했다.

평창은 2002년 1월 IOC에 정식으로 동계올림픽 유치 신청서를 제출했고 2003년 7월, 프라하에서 드디어 동계올림픽 개최지 선정 투표가 벌어졌다. 1차 투표에서 평창은 놀랍게도 51표를 얻어 밴쿠버(40표), 잘츠부르크(16표)를 제치고 '깜짝 1위'를 차지했다. 하지만 과반수에 3표가 모자라 2차 투표에 들어갔고 밴쿠버와 치열한 접전을 벌인 끝에 53 대 56으로 패배하고 말았다. 정말 아슬아슬한 순간이 아닐 수 없었다.

그리고 평창은 2007년 두 번째 도전에 나섰다. 그러나 여기에서도 2차 결선 투표까지 가는 치열한 공방 끝에 러시아의 소치에 밀려 47 대 51로 패하고 말았다.

평창은 이에 굴하지 않고 세 번째 도전에 나섰다. 그러자 국내 여론이 반대로 움직였다. 지나친 예산낭비이자 무모한 도전이라면서 말이다. 하지만 평창은 이에 굴하지 않고 2009년 4월 KOC 총회에 유치 신청서를 내고 다시 세 번째 도전에 나섰다. 이번에는 피겨 스타 김연아 선수와 IOC 위원이었던 이건희 삼성 회장까지 가세하면서 힘을 실어주었다.

2011년 7월, 2018년 동계올림픽 개최지의 주인공을 찾는 투표가 진행되었고 결국 1차 투표에서 반수 이상인 63표를 획득한 평창이 경쟁 도시였던 뮌헨(25표)을 누르고 2018년 동계올림픽 개최지로 선정되었다. 이는 '꿈은 이루어진다!'라는 말을 실현시킨 쾌거였다. 무수한 반대를 물리치고 세 번의 도전에 나선 끝에, 평창은 결국 오랜 꿈을 이룬 것이다.

2

스릴 만점 스노보드의 매력

너희 왜 안 자고 있니?
흑, 영화가 너무 감동적이어서요.
그래 너희들 맘 이해한다. 나도 옛날에 그랬으니까.
근데 검정고무신 주인공 기영이가 아빠 친구란 말 거짓말이죠?
내가 검정고무신을 안 봐서 잘 모르겠는데, 친구분 이름이 기영이인 건 확실해. 그 형님은 기철이고…….
어? 분명히 검정고무신 주인공 맞는데?
에이, 우리 그런 얘기 그만하고 스키나 보자!
킬킬
어머! 너무 멋있어. 국가대표 영화 때문인지 더 멋있어 보이는 것 같애!
아냐, 실제 스키는 정말 멋진 스포츠지!
깜짝

어?
이건 뭐지?
이건 스노보드라는 거야.
요즘 이 삼촌이 흠뻑 빠져
있는 매력적인 스포츠지.
삼촌이 저걸
탄다구요? 도저히
믿을 수 없어!
BOX360
HYUNGSUL
EMJ
NAOMI

으악! 저게 사람이야, 귀신이야!
정말 눈알이 핑핑 돌아가네!
저게 바로 스노보드의 매력이지. 스키와는 또 다른!
근데 삼촌도 저렇게 스노보드를 탈 수 있단 말예요?
응, 그, 그게…….
저 사람은 현존 최고의 스노보더거덩! 그래도 저거 비슷하게는…….
긁적
긁적
서, 설마 저거 비슷하게 탈 수 있다는 건 아니죠?
비슷하게? 흠? 여하튼 이 삼촌도 스노보드를 탈 수 있어!
우와! 대단하다. 난 죽었다 깨어나도 못 타!
맞아! 브라보는 죽었다 깨어나도 저런 건 못 탈 거야!

에이, 사나이 대장부가 그런 약한 소릴 하다니!
그래도 저, 전 도저히 겁이 나서.
브라보는 겁쟁이래요!
바비 너! 오빠한테!
아니, 우리 씩씩한 브라보가 겁쟁이라니?
그게 말이지!
바비 너 말했다간 혼날 줄 알아!
칫, 내 앞에서만 큰소리야!
허허, 이거 삼촌 몰래 무슨 비밀이 있구먼! 어디 삼촌에게만 말해 봐. 누구한테 말하지 않을 테니!
으으~ 말하고 싶어!
바비, 제발!
도대체 브라보에게 무슨 비밀이 있을까?

난 용기가 없어

"사실 말이야."

바비가 브라보의 비밀을 말하려 하자 브라보는 결사적으로 바비의 입을 틀어막았다.

바비는 갑자기 장난기가 동한 듯 계속 브라보를 밀쳐가며 놀려대기 시작했다. 갑자기 소란스러워지자 저쪽 방에서 자고 있던 아빠가 소리쳤다.

"너희 조용히 안 할래! 제발 잠 좀 자자, 잠!"

그러나 바비의 장난은 좀처럼 사그라지지 않았다.

"조용히 안 하면 혼날 줄 알아!"

아빠가 재차 소리쳤으나 바비와 브라보는 들리지 않는 듯 계속 소란을 피웠다. 결국 아빠가 씩씩거리며 바비와 브라보에게 달려왔다.

"이놈들. 아빠 말을 무시하다니 도저히 용서할 수 없어!"

아빠는 바비와 브라보에게 벌을 세우기 시작했다. 브라보는 억울하다는 듯 눈물을 질금거렸다.

"너 때문이야!"

브라보가 바비 탓을 하자 바비는 흥 하며 브라보를 무시했다.

"너 혼날 줄 알아!"

"흥, 샤크한테는 꼼짝 못하면서…… 나한테는……."

바비와 브라보의 싸움이 그치질 않자 아빠가 다시 다그쳤다.

"너희 도대체 왜 그러는 거야?"

아빠의 얼굴은 어느 때보다 무서워 보였고, 그때서야 바비가 부르르 떨며 모든 사실을 털어놓기 시작했다.

"학원에 샤크라는 애가 있는데, 얘가 만날 브라보를 때리고 놀려요. 그런데도 브라보는 꼼짝도 못하고 당하기만 해요."

"뭐라고!"

아빠의 눈이 올빼미처럼 똥그래졌다. 그 소리에 자고 있던 엄마까지 벌떡 깨어 달려왔다.

"아니. 누가 우리 귀한 아들을 때린다고?"

아빠는 잠이 완전히 달아난 채 심각한 얼굴이 되어 물었다.

"브, 브라보. 사, 사실이냐?"

"……."

"그, 근데 왜 당하기만 하고……."

"갠 나보다 덩치도 훨씬 크고…… 쌈도…… 잘한단 말예요."

브라보의 말에 엄마도 아빠도 아무 말이 없었다. 갑자기 정적이 감돌았다.

"이런 못된 녀석! 도저히 안 되겠어요. 당장 학원 가서 따져야지."

엄마가 흥분하며 정적을 깼다.

"여보, 정신 차려요. 여긴 일본이오."

아빠는 갑자기 시선을 돌려 브라보를 뚫어져라 쳐다보았다.

"못난 녀석!"

아빠는 이 말을 남기고 자기 방으로 가 버렸다. 아빠의 말에 브라보는 가슴이 내려앉는 것만 같았다.

바비는 그제야 자신의 잘못을 깨달았는지 꿀 먹은 벙어리처럼 아무 말이 없었다. 삼촌은 이 분위기를 어떻게 수습할지 고민하는 모습이었다.

한동안 무거운 분위기가 이어졌다. 브라보는 자기 침대에 얼굴을 파묻고 있었다. 삼촌이 브라보에게 다가갔다.

"브라보, 나도 학교 다닐 때 날 괴롭히는 애가 있었어."

꼼짝도 않던 브라보는 그제야 삼촌을 살짝 쳐다봤다.

"그때 나도 걔한테 감히 대들지 못했어. 너무너무 겁이 났거든."

"그, 그래서요?"

삼촌은 브라보의 눈치를 살짝 살피면서 말을 이었다.

"그런데 어느 날부터 용기가 났어. 그래서 걔랑 한판 붙었지. 물론 완전 이긴 건 아니지만…… 그 후로 날 괴롭히지 못하더라구."

"근데 어떻게 갑자기 용기가 생겼어요?"

"그건 바로 스노보드를 배우고 나서부터였지."

"스노보드요?"

"그래, 스노보드. 너도 스노보드를 배워 봐. 분명 네가 원하는 용기가 생길거야!"

하지만 브라보는 계속 망설이는 눈치였다.

"스노보드는 너무 무서워요."

삼촌이 브라보의 손을 잡으면서 말했다.

"네 맘 이해해. 첨엔 다 겁이 나지. 삼촌도 마찬가지였어. 하지만 타보면 점점 자신감이 붙고 아무것도 아니란 걸 알게 돼."

브라보가 잠시 몸을 파르르 떨자 삼촌은 브라보의 손을 꼭 잡으며 말했다.

"요즘 삼촌은 매사에 자신감이 생겼어. 다 스노보드 덕분이라고 생각해. 스노보드는 어떤 것에도 맞설 수 있는 용기와 어떤 것이라도 할 수 있다는 자신감을 심어주는 것 같아. 너도 꼭 스노보드를 타봐."

하지만 브라보는 쉽사리 삼촌의 말에 동의해 주지 않았다.

스노보드, 알아볼까요?

스노보드의 탄생

스키를 타기 위해서는 스키 플레이트 외에도 폴 등 여러 장비가 있어야 한다. 그리고 사실 타기도 조금 불편하고 거추장스러운 면이 있기도 하다. 이런 단점을 보완해 주는 것이 바로 스노보드이다. 스노보드는 보드 하나만 있으면 쉽게 눈 위를 미끄러져 이동할 수 있기 때문에 간편하다. 스노보드가 탄생한 것은 바로 이런 이유에서였다.

1959년경 미국의 산악지방에서 현대 스노보드의 모체라 할 수 있는 스너퍼가 발명되었다. 한 미국인이 그의 딸이 쉽게 스키를 탈 수 있도록 스키 2개를 나란히 붙여 볼트로 고정한 후 그것을 타고 눈 위를 달리게 했는데 그것이 스너퍼이다. 그런데 이것이 사람들에게 호응을 얻어 1968년에는 스너퍼 대회까지 열릴 정도가 되었다. 하지만 당시까지 스너퍼는 아이들 장난감 정도로 인식되던 기구에 불과했다. 그러다가 스너퍼가 점점 발전하여 1970년대에 들어서면서 드디어 현대적 의미의 스노보드가 탄생하기에 이른다. 그러나 초기의 스노보드는 두 발을 동시에 하나의 보드에 묶고 눈 위를 달리기에 스키보다 위험하다고 인식되어 많은 제약을 가하기도 했다. 하지만 보드 하나를 타고 눈 위를 날아다니며 묘기를 부리는 스노보드의 매력을 막을 수는 없었다. 스노보드는 곧 사람들 사이에, 특히 젊은 층 사이에서 엄청난 반향을 불러일으켰고 인기 절정의 스포츠로 자기매김하였다. 그리고 지금은 올림픽 종목에까지 선정될 정도로 발전하였다.

스노보드의 매력과 효과

스노보드는 스키처럼 대자연 속의 새하얀 눈 위에서 미끄러지는 쾌감을 맛볼 수 있는 스포츠이다. 하지만 스키가 여러 장비를 갖추고 조금은 부자연스러운 상황에서 움직이는 스포츠인 반면, 스노보드는 보드 하나로 간편하게 눈 위에서 슬라이딩을 즐길 수 있다는 장점이 있다.

또한 장비가 간단하기 때문에 스키에 비해 동작도 자유로워 아슬아슬한 동작들을 연출할 수 있다는 장점도 있다. 실제 프로 스노보더들이 스노보드를 타는 장면을 보면 아찔한 느낌이 들 정도로 스릴이 넘치는 것을 볼 수 있다.

이처럼 스노보드가 보는 사람으로 하여금 스릴을 느끼게 하지만 실제 타는 사람은 스릴 외에도 엄청난 공포감과 싸워야 한다. 즉, 스노보드를 잘 타기 위해서는 기본적인 담력이 있어야 한다는 것이다. 이처럼 스노보드를 통해 점점 난도 높은 기술에 도전하다 보면 강한 정신력은 물론 담력을 키울 수 있다. 뿐만 아니라 몸의 측면으로 진행해야 하기에 균형 감각을 키울 수 있고, 예측이 어려운 코스에 민감하게 대처해야 하기 때문에 민첩성과 순발력도 키울 수 있다.

스노보드로 극복하라!

삼촌은 노트북을 가져오더니 브라보에게 동영상 하나를 틀어주었다.

"이거 함 봐봐."

그러자 그동안 아무 말 없이 구석에 앉아 있던 바비가 관심을 보였다.

"어머, 그게 뭐야?"

"응, 스노보드 경기 장면인데 정말 멋져!"

삼촌이 튼 동영상에서 스노보드 경기 장면이 비쳐졌다. '하프파이프'라는 종목으로 마치 파이프를 절반으로 자른 모양의 반원통형 슬로프의 양쪽 벽을 오가며 점프와 공중회전 등 고난도의 기술을 펼치는 경기였다. 스노보드 선수들이 펼치는 묘기에 가까운

경기에 바비와 브라보는 눈을 떼지 못했다. 그중에서도 특히 눈을 떼지 못하게 하는 선수의 경기가 펼쳐졌다. 그는 숀 화이트라는 선수였다.

숀 선수는 스노보드를 타고 반원통형 위에서 아래로 내려오는가 싶더니 그 반동으로 다시 반원통형 위를 향해 힘차게 날았다. 그리고 원통형에서 떨어지는가 싶더니 그대로 붕 하늘을 날았다. 그리고 마치 재주 부리는 한 마리 새처럼 빙그르르 자유자재로 돌며 바람과 하나가 된 듯한 모습을 선보였다. 그야말로 감탄사가 저절로 나올 지경이었다.

"저건, 인간이 아니야!"

브라보가 탄식하며 소리쳤다. 그리고 곧바로 자신도 모르게 이렇게 중얼거렸다.

"하지만 너무 멋져!"

삼촌은 그 모습을 놓치지 않았다.

"그렇지, 브라보! 나도 그렇게 생각해. 스노보드는 세상에서 가장 멋진, 그리고 가장 스릴 넘치는 스포츠야!"

삼촌도 약간은 흥분한 듯한 모습이었다.

"삼촌은 요즘 스노보드를 타면서 삶에 활기를 되찾고 있어!"

"근데 여름인데 스노보드를 어디서 타요?"

바비가 고개를 갸웃하며 질문했다.

"응, 스키와 다르게 스노보드장은 규모가 작아도 되거든. 실내 스노보드장이 있어."

"아, 그렇구나!"

삼촌의 시선은 다시 브라보를 향했다.

"브라보. 너도 스노보드를 배워보는 게 어때?"

그러자 브라보는 다시 몸을 바르르 떨었다.

"볼 때는 정말 멋있고 좋은데 내가 직접 하려고 생각하면 너무 무서운 것 같아요, 그래서……."

브라보는 여전히 스노보드가 꽤 무서운 스포츠라고 생각하고 있었다.

“브라보, 너무 앞서가지 마. 처음부터 동영상에서 본 것처럼 스노보드를 타는 게 아냐.”

“그럼요?”

“당연히 처음엔 아주 쉬운 동작부터 하는 거지. 예를 들어 경사가 아주 낮은 슬로프를 내려오는 동작 말이야. 그것부터 시작하는 거지.”

“아, 그러네요.”

“그래, 브라보 난 스키를 배울 테니 넌 스노보드를 한번 배워 봐. 스노보드를 배우면 분명히 지금보다 담력이 커질 것 같아!”

이번엔 바비까지 삼촌을 거들었다. 하지만 브라보는 여전히 답답하게 망설이고 있을 뿐이었다. 삼촌과 바비는 이런 브라보를 안타깝게 바라보고 있었다.

스키, 알아볼까요?

스키와 스노보드를 탈 수 있는 곳

스키는 겨울 레포츠로 확실히 자리매김해서 그 인구가 갈수록 증가하고 있다. 덕분에 사계절 스키를 즐길 수 있게 실내 스키장도 제법 여러 군데 만들어졌다. 목동 실내스키장, 스키랜드, 부천의 웅진플레이도시 등에 가면 비록 야외보다는 비좁지만 스키를 즐길 수 있다. 그러나 실내 스키장은 아무래도 실내에서 타는 스키이기 때문에 장소의 협소함을 막을 수 없어 마음껏 탈 수 없다는 단점이 있다. 야외 스키장은 용평 스키장 등을 포함하여 전국 곳곳에 세워져 있는데, 인터넷으로 검색하면 얼마든지 내가 원하는 조건에 맞는 스키장을 찾을 수 있다.

그러면 스노보드는 어떤 곳에서 탈 수 있을까? 우리나라는 미국과 달리 아직 스노보드를 타려면 어디로 가야 하는지조차 조금은 헤매야 하는 것이 현실이다. 하지만 걱정할 필요 없다. 스노보드 인구도 점점 확산되어 지금은 스키 인구의 절반을 넘어서고 있는 실정이며, 대부분의 각 실내 스키장과 실외 스키장에서 스노보드장도 함께 운영하고 있기 때문이다. 따라서 웬만한 실내 스키장을 찾으면 실내 스노보드장이 함께 있으며 실외 스키장에서도 실외 스노보드장을 함께 운영하고 있다. 실내 스노보드장의 경우 실내 스키와 달리 좁은 장소에서도 스릴을 만끽할 수 있기 때문에 앞으로 인기가 높을 전망이다.

대표적인 실내 스키, 스노보드장 몇 군데를 소개한다.

웅진플레이도시

부천시 상동 위치, 실내 스키, 스노보드 가능

http://www.tigerworld.co.kr/

목동 실내스키장

서울특별시 양천구 신정동 위치, 실내 스키 가능

http://www.skigogo.com/

스키랜드

노원구 위치, 실내 스키, 스노보드 가능

http://www.skiland.co.kr/

너희 내가 한때 스키 국가대표가 될 뻔했다는 사실 모르지?
냠
냠
삼촌은 스노보드의 신인데?
응? 이건 또 무슨 봉창 두드리는 소리야!
화
들
짝
맞아, 옛날에 너희 삼촌 스키선수였어. 그것도 최고의 실력을 자랑하는!
지금은 상상하기 힘들지만 그땐 정말 그랬단다.
도저히 믿을 수 없어요.
스키에, 스노보드에 머리까지 좋고…… 부러워
얘가 초등학생일 때 온 가족이 처음으로 용평 스키장에 갔었는데……
그때 홀딱 반해서 해마다 겨울방학 때는 스키장에 살게 되었지. 마침 외갓집이 용평에 있었거든. 할머니 집에 지내면서 스키도 타고…….

엉금
엉금
쏴아아아악-
그래서 중학교 때부터 결국 스키선수가 되고 말았지!
어머, 멋있다!
우와! 삼촌은 한 번 한다면 하는구나!
그럼 언제부터…….
하지만 중학교 때는 그렇게 두각을 나타내지 못했어.
하하, 그건 이 삼촌이 스키 신을 만나고 나서부터지!
스키신?

바로 너희 아빠의 친구로 당시 스키 국가대표 코치님이었지.
우와, 아빠한테 그런 친구가 있었어요?
응, 지난 번 전화 온 바로 기영이라는 친구지. 걔 형 이름은 기철!
쳇, 아빠 또 농담하시네. 설마 그 아빠 친구가 검정고무신 주인공들일 리가 없잖아요.
검정고무신?
삼촌은 외국에 계속 있었으니 잘 모를 거야! 그 만화 나도 재미있게 봤는데…….
킥~ 갑자기 기영이와 기철이 얼굴이 떠오르네!! 재밌었는데…….
뭐라고요?
하하, 놀라지 마. 그 형제가 바로 검정고무신 캐릭터의 주인공들이야!
검정고무신은 그 친구 형제의 어린 시절 이야기를 쓴 거라 하더라고. 나도 첨엔 믿지 않았었는데 자세히 보면 실제 만화 캐릭터랑 닮기도 했어.

정말요,
한번 보고 싶다.
서서서 설마!
사실이 아닐
거예요.
믿고 안 믿는 건
너희 자유고. 사실
검정고무신 만화
내용은 아빠의 어린
시절 이야기이기도
하지!
맞아요.
어쩜 내 어린
시절하고도
그리 똑같은지!
이야기가 딴 데로 새었네.
하여튼, 너희 삼촌은
그 친구에게 배운 후
고등학교 때부터 대회만
나가면 1등을 했지.
우와,
대단하다!
역시 누가
가르치느냐가
중요해. 애들 과외
선생 당장
바꿔야겠어!
그리고 국가대표
선발전이 있었는데……
그때 그만…….
그만 큰 부상을
당하고 말았어!
그 뒤로 스키를
그만뒀지.
오우,
이럴 수가!
그런 아픔이
있었네요!

3

스키의
기본 지식과 역사

처음으로 스키를 타다

전날 늦게 잔 바비네 가족은 삼촌의 추억담을 들으며 늦은 아침 겸 점심을 먹었다. 조금이라도 빨리 스키를 타고 싶었던 바비는 삼촌을 재촉하기 시작했다.

"삼촌, 빨리 가요. 스키 타러 가야 한단 말이야! 더 늦으면 안 돼."

바비는 삼촌뿐만 아니라 브라보와 아빠, 엄마에게까지 스키장에 빨리 가자면 졸라댔다. 이런 바비의 극성 덕에 가족들은 더는 늦지 않게 스키장에 도착할 수 있었다.

드디어 대여소에서 스키복과 장비를 대여받았다. 삼촌이 바비와 브라보에게 물었다.

"너희 스키 첨 타본다고 그랬지?"

"네, 완전 처음이에요."

스키 장비들

“우린 삼촌 덕분에 조금 타봤지.”

아빠가 약간 우쭐대며 말했다.

“형님 실력은 제가 아니까 두 분은 따로 타세요. 저는 애들 가르쳐 주며 탈 테니까요.”

그렇게 아빠와 엄마는 오랜만에 둘만의 데이트를 즐긴다며 가버렸다. 이제 삼촌과 바비, 브라보만 남았다.

“너희 일단 스키 장비의 이름부터 알아야겠다.”

삼촌은 대여받은 스키 장비를 쭉 늘어놓고 하나씩 이름을 가르쳐 주기 시작했다.

“스키는 다른 스포츠보다 장비가 좀 많아. 하지만 중요한 것이니 반드시 이름을 익혀 둬. 반드시 장비를 갖춰야 스키를 탈 수 있거든.”

"너희가 제일 궁금해하는 게 바로 이것이겠지?"

삼촌은 스키 플레이트와 폴을 가리켰다.

"이건 보통 스키라고 하는데 정확한 이름은 스키 플레이트 또는 플레이트라고 하지. 플레이트 중간에 부착된 것은 바인딩이라고 하는데 스키화를 고정해 주는 역할을 한단다. 그리고 지팡이처럼 생긴 이것은 폴이라고 해."

"어머, 장비가 하나같이 멋져 보여요."

바비가 조금 흥분하며 소란을 떨었다.

"하하, 스키 장비를 처음 보는 사람들은 그렇게들 말하곤 하지. 자, 이제 이 장비들을 착용하는 방법을 알아보자."

삼촌은 자신이 직접 스키화를 플레이트 중간에 있는 바인딩에 부착하며 설명을 이어갔다.

"스키를 신을 때는 스키화 바닥에 붙어 있는 눈이나 불순물을 깨끗이 제거하고 신는 게 중요해. 깨끗한 것을 확인한 후에 스키화의 앞 바인딩을 홈에 잘 맞추고, 뒤쪽 바인딩을 맞추어 뒤꿈치 쪽으로 이렇게 강하게 밟아주면 되지. 너희도 한번 해봐."

바비와 브라보는 삼촌에게 배운 대로 스키화를 스키에 착용하는 연습을 해보았다. 금방 배운 것이라 쉽게 해낼 수가 있었다. 그런데 다시 스키를 벗는 게 잘되지 않았다.

스키를 벗는 방법

"스키를 벗을 때는 폴을 이용해 바인딩 뒷부분을 누르면 쉽게 벗겨져."

바비와 브라보는 삼촌이 시킨 대로 폴로 바인딩 뒷부분에 힘을 가했다. 그러자 쉽게 스키가 벗어졌다.

"잘했어. 이번에는 폴 잡는 방법을 연습해 보자. 폴은 평지를 걸을 때나 경사를 오를 때는 물론 미끄러질 때, 특히 회전을 할 때도 중요하게 사용되는 것이니 잘 들어둬. 폴을 놓치면 큰일 나니까."

바비는 귀를 쫑긋 세웠다.

"손잡이 벨트 아래쪽에서 위를 향해 손을 넣어 감아쥐고 새끼손가락에 힘을 넣으며 감아쥐면 폴을 안전하게 잡을 수 있지."

바비와 브라보는 삼촌이 가르쳐준 대로 폴을 잡아보았다.

"좋아, 잘했어. 이제 스키장으로 가자구!"

"야호!"

바비와 브라보는 신이 나 스키를 어깨에 메고 밖으로 나가려 했다.

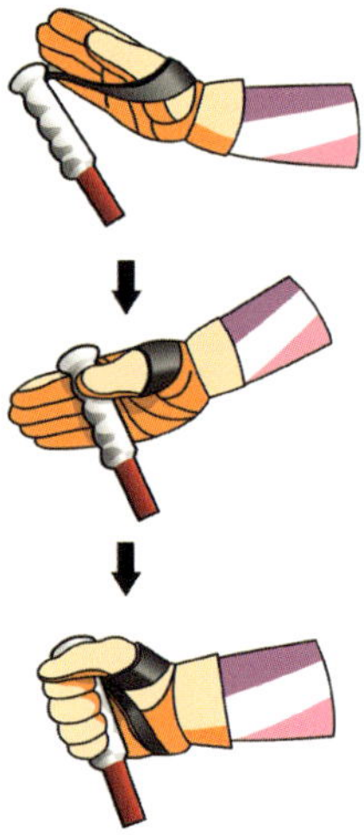

스키 폴을 잡는 법

"잠깐, 스키를 그렇게 들면 안 돼!"

삼촌이 급하게 바비와 브라보를 세웠다.

"스키를 운반할 때도 함부로 들고 가면 안 돼. 뒷사람이 스키에 찔려 사고가 날 수 있잖아. 실내에서는 스키 바닥을 마주 보도록 가지런히 모아 세워서 약간 윗부분을 잡은 후 그대로 들고 운반하면 돼. 그때 폴은 반대쪽 손으로 모아 쥐고 운반하면 되지. 바깥에 나가 사람들이 별로 없는 곳에서는 어깨에 메고 운반해도 돼. 하지만 그때도 뒤쪽에 사람이 있는지 반드시 확인해야 해. 알겠지?"

"아하, 그렇구나!"

바비와 브라보는 삼촌이 시킨 대로 스키와 폴을 잡고 얌전히 스키장이 있는 밖으로 나갔다. 드디어 눈앞에 새하얀 설원이 펼쳐졌다.

"한여름의 스키장이라니, 정말 꿈만 같다!"

바비와 브라보는 삼촌이 가르쳐 준 대로 스키를 부착하고 스키를 탈 준비태세를 갖추었다. 스키장 한쪽에 리프트가 보였다.

실내 운반

실외 운반

"저게 리프트야. 스키는 기본적으로 높은 곳에서 낮은 곳으로 운동하는 스포츠이기 때문에 저걸 타고 높은 곳으로 올라가야 하지."

바비와 브라보는 리프트를 타고 올라가는 사람들을 바라보았다.

"바비, 브라보!"

앗, 엄마와 아빠였다. 엄마와 아빠는 마치 어린아이 같은 표정으로 리프트를 타고 산 쪽으로 올라가고 있었다.

"아, 우리도 빨리 리프트를 타고 싶다."

그러나 삼촌은 기본자세를 익힌 후 리프트를 타야 한다며 슬로프 한쪽 구석으로 바비와 브라보를 데리고 갔다.

"스키를 타고 싶어도 눈과 친해지지 않으면 스키를 탈 수가 없어. 자꾸 공포심이 생기거든. 그러니 여기서 일단 눈과 친해지는 연습을 하자고.”

“쳇, 빨리 리프트를 타고 싶은데…….”

브라보는 순한 양처럼 삼촌을 따르기만 했으나 바비는 작은 투정을 부렸다.

“지금부터 너희 스스로 스키를 타보도록 해. 분명 넘어지게 될 거야. 그때 넘어지는 걸 두려워하지 말고. 스키를 잘 타기 위해서는 잘 넘어지는 것도 중요하니까.”

바비는 고개를 갸우뚱했다.

“쳇, 스키를 잘 타기 위해 잘 넘어지는 게 중요하다니 도대체 무슨 말이야?”

바비는 자기 혼자 스키를 타기 시작했다. 하지만 얼마 못 가 그만 꽈당 넘어지고 말았다.

“아얏!”

바비의 새된 목소리가 스키장의 공기를 울렸다.

브라보는 그 모습을 보곤 벌벌 떨며 엉거주춤 좀처럼 스키를 타지 못했다.

“브라보, 너도 미끄러져 내려가 봐. 넘어지는 걸 두려워 말고.”

하지만 브라보는 몸이 굳은 채 그대로 서 있기만 했다.

“너희, 잘 들어. 처음 스키를 탈 때 넘어지는 걸 두려워해서는 안 돼. 자꾸 넘어지면서 눈과 친해지는 걸 배우게 되거든. 그리고 자신의 몸을 보호하고 스피드를 무서워하는 마음을 없애기 위해서는 언제 어느 때 넘어져도 안전하게 넘어질 수 있는 방법을 터득해야 해."

바비는 그제야 삼촌의 말을 듣겠다는 듯 고개를 끄덕여 보였다.

"안전하게 넘어지기 위해서는 스키를 한쪽으로 모으고 엉덩이부터 땅에 닿도록 해서 완전히 넘어져 버려야 해."

삼촌의 말에 힘을 얻은 바비가 다시 일어나 스키를 탔다. 그리고 삼촌이 가르쳐 준 대로 넘어져 보았다.

"정말 그렇게 넘어지니 훨씬 나은 것 같아!"

삼촌이 이번에는 일어나는 방법을 가르쳐 주었다.

"넘어졌다 일어나는 것도 요령이 있으니 잘 알아둬."

삼촌이 이번에는 넘어졌다 일어나는 동작을 취했다. 바비도 삼촌의 동작을 따라 일어나 보았다.

"어머, 정말 그렇게 하니 일어나기도 쉽네."

브라보도 바비를 따라 서서히 스키를 타면서 넘어지고 일어나는 동작도 하면서 스키에 적응하기 시작했다. 이렇게 바비와 브라보는 슬로프 한쪽에서 스키를 타다가 넘어졌다 일어나는 동작을 하며 오전 시간을 다 보냈다. 이렇게 바비와 브라보는 점점 눈

스키의 기본자세

과 친해졌다.

"삼촌, 우리 리프트는 언제 타요?"

"응, 조금 익숙해지면 다같이 리프트를 타자고!"

"꺄오!"

삼촌은 다시 바비와 브라보를 불러 세웠다.

"리프트를 타기 전에 먼저 스키의 기본자세를 익혀야 해."

삼촌은 스키의 기본동작에 대해 말을 이어갔다.

"스키를 잘 타기 위해서는 균형을 잘 잡는 게 아주 중요해. 그러다 보면 스키를 자기 몸처럼 자유자재로 다룰 수 있게 되거든. 그러기 위해 가장 중요한 것이 바로 기본자세지."

삼촌이 기본동작을 취해 보였다.

"평평한 곳에서는 몸 전체를 곧게 편 상태에서 앞으로 약간 구부린 자세가 돼. 이때 가슴을 펴고 머리를 숙이지 말고 전방을 주시하는 게 중요해. 또 엉덩이는 뒤로 내밀지 말고, 몸의 중심이 발의 앞부분에 실리도록 하는 것도 중요하지. 또 무릎과 무릎 사이를 약간 벌리고 앞으로 구부린 채 양발에 고루 체중이 실리도록 해야 해. 이렇게 자세를 취하면 쉽게 균형을 유지할 수 있지."

바비와 브라보는 몇 번이나 기본자세를 취해 보았다. 처음엔 잘 되지 않았으나 삼촌의 도움으로 어느 정도 익힐 수 있게 되었다.

"좋았어. 그 자세로 이번엔 걷기를 익히도록 해보자고."

"웬 걷기?"

"말했잖아. 본격적으로 스키를 타기 전에 최고 중요한 게 감각을 익히는 거라고. 스키 감각을 익히는 데 제일 좋은 게 바로 걷기거든."

삼촌이 이번에는 걷기 동작에 대해 설명하기 시작했다.

스키 걷기 동작

“평지를 걷는 방법은 어깨 너비 정도로 평행하게 스키를 벌리고 서서 보폭을 짧게 하여 왼쪽이나 오른쪽 스키를 앞으로 밀고 나아가면 돼.”

삼촌은 부드럽게 스키의 걷기 동작을 선보였다. 바비와 브라보도 따라해 보았다.

“이때 중요한 건 스키를 들어 올리며 걸으면 안 된다는 거야. 또 폴을 사용해 몸의 균형을 유지하는 것도 중요하고. 자, 왼발이 앞으로 나아가면 오른쪽 폴을 앞으로 내밀어 짚고, 오른발이 앞으로 나아가면 왼쪽 폴을 앞으로 짚고…….”

스키, 알아볼까요?

스키 장비 기본 지식

스키 / 스키 플레이트

보통 스키나 스키판이라고 불리는 플레이트는 톱, 센터, 테일 세 부분으로 나뉘어져 있다. 오목한 가운데 부분을 센터라 하고 넓게 만들어진 앞부분을 톱, 뒷부분을 테일이라고 한다. 보통 센터는 두껍게 만들어져 있고 볼록하게 휘어져 있으며 톱과 테일은 넓고 얇게 만들어져 있다. 이는 스키어가 스키를 탈 때 충격을 완화하거나 흡수하여 변화무쌍한 눈 위를 부드럽게 이동할 수 있게 하기 위한 디자인이다. 이러한 플레이트의 내부를 들여다보면 나무, 플라스틱, 금속 합금 등이 마치 샌드위치처럼 쌓아져 만들어져 있는 것을 볼 수 있다.

요즘에는 카빙스키라는 플레이트가 나오는데, 이는 톱과 테일이 기존 스키보다 대략 15~20% 더 커진 스키를 말한다. 이러한 카빙스키는 기존 형태의 스키보다 훨씬 타기 쉽기 때문에 전 세계 스키어들에게 점점 사랑받고 있다.

스키화

스키화는 신는 방향에 따라 프런트 버클 부츠Front Buckle Boots, 발등 쪽에 잠그는 장치가 되어 있음와 리어 엔트리 부츠Rear Entry Boots, 발뒤꿈치 쪽에 잠그는 장치가 되어 있음가 있다. 프런트 버클 부츠는 세밀히 조정할 수 있어 선수나 고급 기술을 구사하는 스키어들이 많이 신고, 리어 엔트리 부츠는 신기가 편하기 때문에 초 · 중급 스키어들이 많이 신는다.

바인딩

바인딩은 스키와 스키화를 확실히 묶어주어 안전하게 스키를 탈 수 있게 하는 장치이다. 사실 과거에 비해 바인딩 기술이 발달하면서 현대 스키도 발달했다고 할 수 있을 만큼 바인딩은 중요하다. 왜냐하면 스키를 타는 도중 스키화가 스키에서 분리되면 치명적인 위험에 처할 수 있기 때문이다.

이러한 스키의 바인딩은 발 앞부분을 고정시키는 토 피스와 발뒤꿈치를 고정시키는 힐 피스로 이루어져 있다. 그리고 마찰을 방지해 주는 마찰 방지 패드가 부착되어 있다.

바인딩은 안전을 위해 매우 중요하므로 자신의 실력, 체중, 스키화의 사이즈 등을 고려해 반드시 전문가의 조언을 구하고 선택하는 것이 중요하다.

폴(스톡)

폴은 초보 때에는 균형을 잡아주는 데 중요한 역할을 하며 중·상급 실력이 되었을 때에는 다양한 테크닉을 구사하기 위한 보조 동작을 취하는 데 중요하게 사용된다.

폴의 끝 부분을 팁이라고 하는데 눈 표면이 단단하게 얼어 있을 때 잘 박히도록 그 끝이 뾰족하고, 바로 위에 링이 달려 있다. 이는 필요 이상으로 폴이 눈에 박히지 않도록 하는 역할을 한다. 이러한 폴은 길이가 중요한데, 폴을 땅에 대었을 때 손잡이가 자기 가슴 부위에 오면 적당하다.

넘어졌다 일어나는 방법

처음 스키를 탈 때는 많이 넘어지게 된다. 이때 일어나는 것이 쉽지 않다는 것을 느낄 것이다. 온몸이 스키 장비로 휘감겨 있으니 당연한 일이다. 이때 다음과 같은 요령을 사용하면 쉽게 일어날 수 있다.

1 몸은 산 위쪽으로 하고 스키는 산 아래쪽으로 가지런히 모은다. 이때 왼손은 폴을 쥐어 스키와 직각이 되게 짚고, 오른손은 눈 바닥을 짚는다.

2 오른손으로 바닥에 반동을 주면서 무릎을 가슴까지 끌어당기고, 엉덩이를 스키 쪽으로 최대한 가깝게 하며 살며시 일어나 앉는다.

3 가슴을 앞으로 숙이면서 그대로 일어난다.

드디어 오후 시간이 되었고 바비네 가족은 모두 리프트를 타고 슬로프의 정상으로 갔다.

"우와, 높은 곳에서 보니 무서워!"

바비가 갑자기 벌벌 떨며 소리쳤다. 그때 삼촌이 시범을 보이겠다며 나섰다.

"일단 제가 시범을 보일 테니 모두 보기만 해요."

모두 한 발짝도 움직이지 못한 채 삼촌을 바라봤다. 삼촌은 어깨를 으쓱해 보이며 능숙하게 포즈를 취했다. 그리고 부드럽게 슬로프스키를 타는 경사면를 타면서 미끄러지듯 내려가기 시작했다. 그 모습은 마치 눈 위를 나는 새처럼 날렵하고 눈과 혼연일체가 된 느낌이었다.

조금 흥분한 삼촌은 좀 더 경사도가 큰 슬로프를 선택하여 다시 시범을 보여주었다. 이번에는 높은 경사면을 엄청난 속도로 치고 내려오는 게 속을 쓸어내릴 정도로 스릴 만점, 환상 그 자체였다.

"와! 정말 멋있다!"

바비가 감탄을 질렀다.

"역시 내 동생이야."

아빠도 감탄하긴 마찬가지였다. 그동안 삼촌에게 인색했던 엄마까지 연신 박수를 쳤다. 브라보도 삼촌이 실제로 스키 타는 모

습을 보자 정말 대단하다는 생각이 들었다.

삼촌이 다시 바비네 가족이 있는 곳으로 돌아왔다.

"와, 삼촌 진짜로 멋있어요."

바비네 가족들은 연신 삼촌을 추켜세우기에 여념이 없었다.

문제는 바비와 브라보. 단 한 발짝도 앞으로 나아가지 못했다. 완전히 굳어 버린 석상처럼 보였다.

"바비, 브라보! 겁내지 말고 조금씩 움직여 봐. 오전에 배운 대로 하면 돼!"

삼촌의 말에 바비는 조금씩 움직이며 미끄러져 내려가기 시작했다.

"그래, 그렇게 하는 거야. 브라보도 움직여 봐."

하지만 브라보는 좀처럼 움직이지 못했다. 삼촌이 브라보를 붙들어줘야 겨우 조금 움직였다.

"브라보, 일단 겁을 먹으면 안 돼. 겁을 먹지 말고 용기를 내봐!"

그러나 삼촌의 노력에도 불구하고 브라보는 별반 진전을 보이지 못했다. 하지만 바비는 계속 넘어져도 오뚝이처럼 다시 일어나기를 반복하더니 제법 눈을 타기 시작했다.

그렇게 바비는 하루 온종일 스키를 탔다. 물론 넘어지고 다시 일어나는 데 대부분의 시간을 보냈지만, 스키의 즐거움을 만끽할 수 있었다. 해가 거의 질 무렵에는 스키야말로 최고의 스포츠라는 생각까지 들 정도였다.

반면 브라보는 바비와 함께 스키를 타긴 했지만 여전히 바비처럼 재미있게 타지 못하는 눈치였다. 이에 삼촌이 브라보를 격려했다.

"아직 스키가 무서워서 그런 거야. 그 두려움의 그늘에서 벗어나면 브라보도 재미있게 스키를 탈 수 있을 거야!"

스키의 역사 속으로

그날 저녁 바비와 브라보, 삼촌은 녹초가 되어 숙소로 돌아왔다.

"최고로 재밌었어!"

바비는 아직도 흥분이 가시지 않은 표정이었다. 엄마와 아빠는 녹초가 된 채 이른 오후에 숙소로 돌아와 드르렁 코를 골며 자고 있었다.

엄마와 아빠를 깨워 저녁을 맛있게 먹고 다시 숙소로 돌아온 바비는 삼촌에게 찰싹 들러붙었다.

"삼촌, 저 완전히 스키에 빠진 것 같아요. 스키 이야기해 주세요."

삼촌은 바비를 빤히 쳐다보더니 흐뭇한 미소를 지어보였다.

"왜 저를 보고 웃어요?"

바비가 초롱거리는 눈으로 물었다.

"어릴 적 나를 보는 것 같아서. 그때 나도 스키를 한 번 타본 후 너처럼 흥분했거든."

"난, 아직 스키가 너무 어려운 것 같아요."

가만히 있던 브라보가 입을 열었다.

"브라보가 아직 스키의 매력을 몰라서 그런 거야."

삼촌은 바비와 브라보를 자기 앞에 앉힌 후 스키 이야기를 하기 시작했다.

"그냥 스키를 타고 눈 위를 달리는 건 고대부터 있었어. 고대 벽화를 보면 스키를 신고 달리는 그림을 쉽게 볼 수 있거든."

"정말?"

"역사상 최초의 스키는 뭐로 만들어졌는지 알아?"

"……."

"바로 동물의 뼈로 만들어진 눈신이야. 스웨덴의 호팅 지방에서 이 유물이 발견되어 지금 스웨덴의 듀가르덴Djugarden 박물관에 보존되어 있다고 하지. 이건 자그마치 기원전 3,000년경에 만들어진 거라고 하니 놀랍지."

"와!"

"그 후로도 여러 벽화와 유물에서 스키를 사용했다는 증거를 찾을 수 있었지."

"그럼, 언제부터 지금 같은 스키가 생긴 거예요?"

삼촌은 기지개를 한 번 펴고는 다시 말을 이어갔다.

"지금 같은 스키가 생기기 전에는 스키를 주로 이동수단이나 군사 목적으로만 사용했지. 스키가 그 이상의 역할을 할 수는 없었어. 이런 현상은 근대까지 계속되었어."

"왜 그런 거예요?"

"그건, 바로 바인딩 기술 때문이었어. 생각해 봐. 지금처럼 점프나 턴을 하려면 스키화가 스키에 완전히 고정되지 않으면 안 되잖아."

"맞아요. 만약 바인딩이 풀려 버리면……."

바비는 여기까지 말하더니 갑자기 파르르 몸을 떨었다.

"생각만 해도 무서워요."

"하하, 맞아. 과거에는 이 바인딩 기술이 부족해 그저 이동하는 정도로만 스키를 탈 수밖에 없었지. 그러나 이 바인딩 기술이 점점 발전하면서 스키는 본격적으로 발전하기 시작했어."

"와, 점점 흥미진진해진다."

"이렇게 스키가 발달하기 시작한 곳은 역시 북유럽이었지. 1250년경에 당시 노르웨이의 황태자가 스키 경주를 했다는 기록이 있거든. 그리고 스키는 점점 발전하여 18세기 무렵 노르웨이의 텔레마크 지방에서는 스키의 회전기술까지 개발된 것으로 알려져 있어."

삼촌은 침을 꼴깍 삼켰다.

"이러한 스키의 기술 발달은 수많은 스키 마니아들을 만들어냈지. 그래서 스키 클럽과 학교까지 만들어졌고, 1879년 허스비 힐에서는 처음으로 스키 점프대회가 열리기도 했어."

"아, 국가대표 말이구나!"

"허허, 그래. 하여튼 북유럽을 중심으로 스키가 발달하면서 지금의 스키가 만들어졌다고 할 수 있어."

삼촌이 여기까지 이야기했을 때 갑자기 코 고는 소리가 들렸다. 그것은 브라보가 코 고는 소리였다.

"자식, 피곤했던 모양이구나."

삼촌은 브라보를 침대로 옮겨 눕혔다.

"바비, 너도 자도록 해. 이야기는 내일 계속하고."

그러나 바비는 눈이 말똥말똥한 채 삼촌에게 계속 이야기해 달라고 졸랐다.

"허허, 녀석!"

삼촌은 할 수 없이 이야기를 계속 이어갔다.

"북유럽보다 좀 늦긴 했지만 20세기 초에 들어서면서 오스트리아와 스위스도 스키 발달에 한몫을 했어. 이곳에도 스키 클럽들이 생기기 시작했거든. 이곳의 스키 클럽을 중심으로 새로운 스키 기술들이 개발되었던 거야."

"와, 하얀 눈 덮인 알프스 산이 떠올라."

"후후, 그렇지. 바로 그 알프스 산에서 스키를 탔던 거야. 이렇게 오스트리아와 스위스를 중심으로 발달한 스키 기술은 후에 일본으로도 전파되었어. 그리고 프랑스에서도 스키가 발달하기 시작했는데 이를 계기로 1924년 드디어 프랑스 샤모니란 곳에서 제1회 동계올림픽이 개최되기에 이르렀어. 스키에 있어 역사적인 순간이 아닐 수 없지."

"그럼, 이 이후로 동계올림픽이 지금까지 열리고 있는 거예요?"

"물론이지. 이후로 국제스키연맹FIS이 만들어지고 스키가 국제대회로 열리게 되었어."

바비는 아직 졸지 않고 똘망똘망 삼촌의 이야기를 듣고 있었다.

"지금 스키 대회가 크게 두 가지 종목으로 열리는데 알파인 경기와 노르딕 경기가 바로 그거야. 그런데 이름에서도 알 수 있듯이 알파인 경기는 오스트리아와 스위스의 알프스 산맥을 중심으로 발달한 경기고, 노르딕 경기는 북유럽을 중심으로 발달한 경기 방식이야. 지금의 스키가 이 두 가지 방식으로 열리는 건 순전히 스키의 역사 때문이라고 할 수 있지."

"아하, 그렇구나."

"그럼, 우리나라에는 언제부터 스키가 들어온 거예요?"

바비의 질문에 삼촌은 약간 놀라는 눈치였다.

"야, 우리 바비 스키에 대한 관심이 대단한데. 이런 예리한 질문까지 하다니."

"아니, 난 그냥 궁금해서 질문한 것뿐인데?"

"우리나라도 옛날부터 스키 비슷한 것을 타고 다녔어. 설피라고. 강원도 산간지방에는 겨울 내내 눈이 쌓여 있으니 교통수단이 필요했던 거지."

"설피가 뭐예요?"

삼촌은 인터넷을 검색하여 설피 사진을 보여주며 말했다.

"설피는 스키 비슷하게 발에다 신고 눈 위를 달리는 도구지."

"와, 지팡이도 있고…… 진짜 스키 비슷하네!"

"우리나라에 스키가 처음으로 전해진 것은 1904년 현재 북한의 원산 신풍리에 들어온 핀란드 상인 두 사람이 스키를 타면서부터라고 알려져 있어."

"역시 북유럽 사람이 처음으로 전했구나."

"그런 셈이지. 재미있는 것은 당시에는 가죽끈이나 삼껍질로 신발을 부착했다는 사실이야. 그리고 지금과 다르게 2미터가 넘는 긴 지팡이를 짚고 스키를 탔다고 해."

"하하, 재미있다."

"여하튼 이를 계기로 스키가 점점 발달했고 원산 신풍리에서 1930년에 최초의 전조선 스키 선수권 대회가 열리게 되었지. 해방 후에는 1947년 지리산에서 제1회 전국 스키 대회가 열렸고."

"그렇구나, 그런데 왜 우리나라는 유명한 스키 선수 이름이 하나도 떠오르지 않지?"

"그건, 우리나라 스키가 겨울철 대표적인 레저로는 자리 잡았지만 아직 비인기 종목이라 선수층이 얇기 때문이야."

스키, 알아볼까요?

고대의 스키 역사

고대에 스키를 탔었다는 증거는 벽화와 유물에서 찾을 수 있다. 실제 고대 북유럽 및 시베리아 등지의 동굴 벽화에 스키를 타고 달리는 모습을 찾을 수 있다. 또한 스웨덴, 노르웨이, 핀란드 등지에서 스키, 스케이트와 관련된 유물이 수십 점 출토되기도 했다.

또한 벽화나 유물이 아니더라도 고대의 기록에서 고대인들이 스키를 탔었다는 증거를 찾을 수 있다. 바이킹 시대의 역사 기록에 노르웨이 바이킹들이 스키를 즐겼다는 기록이 있다. 한편 북유럽 신화에는 스키의 여신과 스키를 신고 다니는 신도 등장한다.

이런 여러 가지 기록과 벽화 유물을 증거로 고대부터 인류가 스키를 탔던 것으로 추정할 수 있다.

스키 발달에 영향을 준 사건들

근대 스키가 지금의 현대 스키로 발전하는 데에는 몇 가지 기술적 발전들이 있었기에 가능했다.

먼저, 1939년 자동 탈착이 가능한 안전 바인딩의 등장은 스키 발달에 크게 공헌하였다. 위급 상황에서 바인딩을 쉽게 부착하거나 풀 수 있어야 하는데, 이전까지는 이 문제 때문에 스키를 두려워하는 사람들이 많았다. 하지만 이 안전 바인딩의 등장으로 오랜 두려움이 해결된 것이다.

그리고 1947년 알루미늄으로 만들어진 스키의 등장도 스키의 발달에 커다란 역할을 했다고 할 수 있다. 이전까지 무거운 스키가 큰 부담이었는데 이제 가벼운 스키를 탈 수 있게 된 것이다.

또한 1955년 스키화에 버클을 장착하여 신고 벗기에 수월한 스키화가 등장한 것도 스키의 발달에 크게 한몫하였다. 이전까지의 스키화는 신고 벗기가 너무도 복잡하였기 때문이다.

우리나라 스키의 발달

우리나라에 현대 스키가 보급된 것은 1923년 일본인에 의해서였다고 알려져 있다. 당시 먼저 현대 스키를 접했던 일본인들이 겨울철 금강산 답사를 오면서 우리나라에 현대 스키를 보급하였던 것이다. 그리고 일본인을 강사로 하는 스키 강습회가 열렸으며, 1929년에는 원산 근교 신풍리에 일본인들이 한국 최초의 스키장을 개설하기도 했다. 이러한 분위기 속에 우리나라에도 점점 현대식 스키를 타는 사람이 생겨나기 시작했고, 드디어 1930년에는

전국 스키장 현황

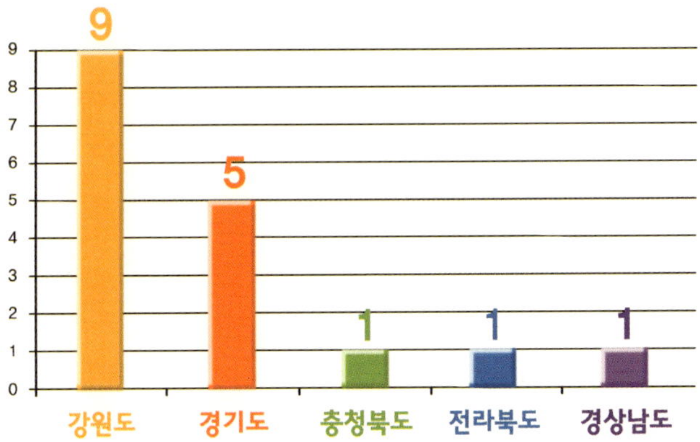

제1회 전조선 스키 선수권 대회가 열리기도 했다. 그러나 이 대회는 대부분 일본인들이 참가한 대회였다. 이후 1931년 열린 스키 대회에 처음으로 조선인이 참가하였으며 임영순, 오병희 선수가 각각 3위와 5위를 차지하는 쾌거를 이뤘다.

해방 후 대한스키협회가 만들어지고, 1947년 지리산 노고단에서 제1회 전국 스키 선수권 대회가 열렸으나 그 발전은 미미했다.

1958년에는 국제스키연맹에 가입하고 드디어 1960년 미국 스쿼밸리Squaw valley 제8회 동계올림픽에 최초로 임경순, 김하윤 선수가 출전했다. 이를 계기로 국내에 스키 기술이 보급되었으며, 이후 올림픽에 지속적으로 참가하고 있는 상황이다.

그러나 우리나라에서는 스키가 비인기 종목으로 인식되어 선수층이 얇기 때문에 좋은 성적은 내지 못하고 있다. 대신 경제가 발전하고 여유가 생기면서 겨울철 여가를 즐기기 위한 레포츠로 확실히 자리매김하였다. 경기 스포츠인 스키가 아닌 여가활동의 스키로서 크게 각광받고 있는 것이다. 1990년 강원도 고성군에 위치한 알프스 리조트에 한국 스키박물관이 개장되었고, 현재 열 곳이 넘는 스키장이 성업 중에 있는 것이 그 증거라 할 수 있다.

이런 가운데 우리나라의 평창이 2018년 동계올림픽 개최지로 선정되었다. 이에 스키인들은 물론 국민들까지 우리나라의 스키가 단순히 여가활동으로서가 아닌 올림픽 메달의 주인공이 되어 주길 간절히 바라고 있는 상황이다.

올림픽 스키에 대하여

바비는 스르르 잠이 들었다. 그리고 밤새 스키에 관한 꿈을 꾸었다. 바비는 스키 점프대 위에 섰다. 드디어 출발. 바비는 스키 점프대의 비탈진 경사면을 엄청난 스피드로 내달렸다. 그리고 점프. 바비는 마치 매처럼 하늘을 훨훨 날았다. 사람들의 환호소리가 들렸다. 이제 착지만 잘하면 된다. 과연 잘할 수 있을까. 그 순간 갑자기 엄청난 공포감이 밀려왔다. 곧 착지. 그러나 뭔가 잘못된 것이 확실했다. 바비의 몸이 비틀어지고 그대로 눈 위를 뒹굴었다. 괜찮은 걸까. 바비는 온몸이 욱신거림을 느꼈다. 그리고 잠이 깼다.

현실이 아닌 것이 그렇게 다행일 수 없었다. 그러나 바비는 침대에서 떨어진 상태였다. 몸이 살짝 아팠지만 그래도 다행이라는 생각이 들었다.

'진짜였다면 크게 다쳤을 거야.'

밖은 이미 해가 환히 뜨고 있었다.

"벌써 아침이네."

하지만 시계는 아직 6시도 되지 않았다. 모두 아직 단잠에 빠져 있었다. 바비도 다시 잠을 자려 했으나 잠이 오지 않았다. 그래서 바비는 옷을 주섬주섬 주워 입고 산책을 나섰다.

바깥에는 사람이 아무도 없는 대자연의 설원이 바비를 기다리고 있었다.

"어머, 이렇게 아름다울 수가!"

바비는 잠시 온통 새하얀 설원의 아름다움에 빠져들었다. 그때였다.

"와우, 우리 바비도 산책을 나왔구나."

바비가 정신을 차리고 돌아보니 삼촌이었다.

"아침에 보는 스키장이 너무 아름다워요."

"그래, 나도 이것 때문에 스키장에 오면 꼭 아침 산책을 나오지."

그렇게 삼촌과 산책을 끝내고 숙소로 돌아왔으나 아침 식사까지는 시간이 제법 남아 있었다.

"삼촌이 올림픽 스키에 대해 계속 이야기해 줄까?"

"좋아요!"

바비는 어젯밤에 이어 오늘 아침부터 삼촌의 스키 이야기 속으로 빠져들기 시작했다.

"어제도 말했지만 올림픽 스키의 종목은 크게 노르딕 스키와 알파인 스키로 나눌 수 있어. 노르딕 스키가 설원눈이 쌓여 있는 넓은 벌판을 중심으로 경기를 펼치는 스키라면, 알파인 스키는 알프스와 같이 높은 산에서 경사면을 속도감 있게 내려오며 경기를 펼치는 스키라고 할 수 있지."

"맞아요. 북유럽의 노르딕 경기와 오스트리아, 스위스의 알파인 경기."

"역시, 우리 바비는 머리도 좋아. 노르딕 스키가 먼저 생겼고 알파인 스키가 노르딕 스키에 대항하여 그 후에 생겨났지."

"그럼 스키 점프는 노르딕이에요, 알파인이에요?"

"응, 그건 노르딕이야. 북유럽에서 스키 점프가 발달했다고 그랬었잖아."

"기억나는 것 같아요."

"스키 점프에 대기록을 달성한 스키 점프 영웅이 있지. '인간 새'라고 불리는 스위스의 시몬 아만 선수가 바로 그 주인공이야."

"인간 새?"

"그래, 점프할 때 새처럼 날아오른다고 해서 붙여진 별명이지. 그는 2008년 벤쿠버 올림픽에서 스키 점프의 역사를 새로 썼어."

"어떻게요?"

"사실 아만 선수가 나타나기 전까지 올림픽 스키 점프 개인종목에서 4개의 금메달을 딴 선수는 없었거든. 그런데 아만 선수가 드디어 4개의 금메달을 따내고 만 거야."

"금메달 4개면 대단한 건 아니잖아요?"

"물론 그렇게 생각할 수 있지만 스키 점프에서는 대기록이지. 게다가 아만 선수의 인생 역정 때문에 더 인정을 받는 것 같아. 아만 선수는 일찍이 17살 때부터 올림픽1998년에 참가했어. 그리고 2002년 동계올림픽에서 라지힐과 노멀힐 개인 종목에서 2관왕에 올랐지. 그런데 2006년 동계올림픽에서는 부진하여 메달을 따지 못하고 말았어. 이때 좌절할 수도 있었는데 그는 다시 용기를 내어 2010년 동계올림픽에 참가한 거야. 그리고 또다시 라지힐과 노멀힐 개인 종목에서 당당히 금메달을 따낸 거야."

"그야말로 인간승리네요."

"노르딕 스키에는 점프 외에도 크로스컨트리, 바이애슬론 등의 경기가 있어. 크로스컨트리는 넓은 설원의 장거리를 달리는 경주로 스키 경기 중 가장 역사가 오래되었지."

"달리는 거리가 어느 정돈데요?"

"남자와 여자가 다른데 남자의 경우 15km, 30km, 50km이고, 여자의 경우 5km, 10km, 20km지."

"우와, 완전 마라톤이네요, 마라톤!"

"하하, 그 비슷하다고 할 수 있어. 이때 전구간은 평지, 오르막길, 내리막길이 각각 1/3씩 고르게 되어 있어야 하지."

"스키를 타고 오르막길 올라가려면 힘들겠다."

"물론이지. 올림픽에서 열린 이러한 크로스컨트리 종목에서 자그마치 금메달 8개를 탄 스키 영웅이 있지."

"와! 누군데요?"

"바로 노르웨이의 스키 영웅 비에른 델리라는 선수야. 그는 1990년대 세계 최고의 크로스컨트리 스키 선수로 노르웨이 출신 중 가장 많은 올림픽 금메달을 딴 선수로 유명하지."

삼촌은 바비에게 정확한 정보를 알려주기 위해 인터넷을 검색하며 말을 이었다.

"델리는 1992년 · 1994년 · 1998년 세 차례 동계올림픽에 출전했는데 1992년 알레르빌과 1998년 나가노에서 각각 금메달 3개와 은메달 1개를 땄고, 1994년 릴레함메르에서는 금메달 2개와 은메달 2개를 따 총 금메달 8개와 은메달 4개를 땄대."

"정말 엄청나네요."

"감동적인 장면은 델리 선수가 1998년 나가노 올림픽에 참가했을 때 연출되었지. 당시 아프리카 케냐 출신의 흑인 선수 필립 보이트가 처음으로 동계올림픽에 참가했어."

"신기하다. 아프리카 선수가 언제 스키를 배웠데요?"

"그러게, 그런데 진눈깨비가 어지럽게 날리는 가운데 보이트 선수가 비틀거리며 결승선을 통과하지 않았겠니. 그때 1등을 한 델리 선수가 달려와 그의 얼음장 같은 손을 꼭 잡아주었어."

"왜요?"

"이런 말을 전해 주기 위해서야. 포기하지 않고 끝까지 완주하는 모습을 보니 매우 기쁩니다. 이 모습은 분명히 많은 아프리카 사람들에게 큰 힘을 줄 겁니다."

바비는 그 말을 듣자 눈물이 핑 돌았다. 스포츠 정신이란 이런 거구나, 라는 생각을 하면서…….

"이번엔 알파인 경기에 대해 이야기해 주세요."

"알파인은 말 그대로 높은 산악지대인 알프스 지방 중심으로 발달한 스키 경기로, 높은 산 위에서 아래로 내려오며 속도를 겨루는 경기를 말하지."

"이것도 스키 점프처럼 스릴 넘치겠네요."

"그렇지. 경사면을 내려오기 때문에 가속이 붙어 시속 100km가 넘을 때도 있지."

"우와, 그러면 자동차가 달릴 때의 속도잖아요."

"맞아, 그런 속도로 달리는 선수들이 느끼는 스릴감은 상상을 초월하지."

"난 도저히 상상이 안 돼!"

"하하, 어쨌든 알파인 경기를 이해하기 위해서는 기문이라는 것을 알아야 해."

"기문요?"

"그래, 일종의 장애물로 코스를 설정하기 위하여 세운 기를 말하지."

"아, TV에서 본 것 같아요."

"그래 알파인 경기는 S자 곡선으로 빠른 속도로 내려오면서 기문을 통과하는 경기라고 생각하면 돼. 이러한 알파인 경기는 여러 개의 기문을 통과하는 회전, 빠른 속도로 내려오며 몇 개의 관문을 통과하는 활강, 회전과 활강을 혼합한 대회전, 대회전보다 더 스케일이 큰 슈퍼대회전, 그리고 여러 경기를 혼합한 복합경기 등이 있어. 초기에는 활강과 회전 종목의 경기만 치르다가

1952년 제6회 올림픽에서 대회전이 추가되고, 1988년 제15회 올림픽에서 슈퍼대회전과 알파인복합이 추가되었지."

"아휴, 복잡하네요."

"흐흐, 그렇지. 경기가 발달하다 보니 그래. 이 외에도 더 많은 경기의 종류가 있는데 지금 말하면 오히려 헷갈릴 테니 다음에 책을 보도록 해."

"알파인 스키에는 어떤 선수가 유명해요?"

"알파인 스키 최고의 스타로는 오스트리아에서 스키 영웅으로 대접 받는 토니 자일러와 프랑스에서 스키 영웅으로 대접 받고 있는 장 클로드 킬리를 들 수 있지. 두 선수는 각각 1956년 올림픽과 1968년 올림픽에서 그랜드슬램을 이뤄냈거든."

"그랜드슬램이요?"

"응. 알파인 스키에서 회전, 활강, 대회전을 모두 석권하는 것을 그랜드슬램이라고 해. 두 선수는 이 3개 종목을 모두 휩쓸어 3개의 금메달을 목에 걸었지. 당시 킬리 선수가 얼마나 영웅 대접을 받았냐 하면 대통령이었던 드골이 올림픽 개막식에서 3만 송이의 장미를 장식하고 헬리콥터를 동원해 500개의 올림픽 깃발을 나부끼게 할 정도였지."

"정말 대단했나 보네요."

"그럼, 오스트리아에서 스키 영웅 토니 자일러는 또 어떻고. 그는 잘생긴 미남으로도 유명했어. 그래서 우리나라에서도 상영된 적이 있는 〈사랑은 기적을 낳는다〉라는 영화에 주인공으로 출연하기도 했어."

"우와! 그 영화 보고 싶다."

"어쨌든 우리나라에서도 그런 스키 스타들이 나타났으면 좋겠다!"

삼촌의 말에 바비가 갑자기 주먹을 불끈 쥐어 보였다.

"내가 한번 도전해 볼게요."

"네, 네가? 이제 겨우 스키를 배우고 있는 네가?"

"그래요, 이 바비가 스키 스타가 될 거예요. 꼭!"

스키, 알아볼까요?

노르딕 경기 Nordic

올림픽 스키의 종목은 크게 노르딕 경기와 알파인 경기로 나누어진다. 그중 노르딕 경기는 북유럽의 설원에서 발달한 것으로 알파인 경기보다 더 오래되어 제1회 동계 올림픽에서부터 정식종목으로 채택되어 시행되었다. 노르딕 경기는 다시 눈으로 된 장거리 코스를 완주하는 거리 경기인 크로스컨트리, 주어진 시설을 이용하여 비행하는 스키 점프, 크로스컨트리에 사격을 포함시킨 바이애슬론, 크로스컨트리와 점프를 합한 복합 경기 등으로 구분된다. 각각의 종목에 대한 세부 사항은 다음과 같다.

1. 크로스컨트리 경기 Cross country

종목별로 5km, 10km, 15km, 30km, 50km의 경기가 있으며, 4명이 하는 계주 경기가 있다.

주법에는 클래식주법마치 빠른 걸음으로 움직이는 것과 같은 동작과 프리기법양다리를 좌우로 지치면서 앞으로 전진하는 동작이 있으며 각 종목에 따라 정해진 주법을 사용해야 한다. 이때 다른 주법을 사용

하면 실격이 된다.

2. 점프 경기 Special jump

시속 100km 이상의 속도로 날아가는 위험한 경기여서 남자만 실시하는 경기로 개인종목은 도약대에 따라 70m와 90m 경기가 있으며, 4명의 성적을 합산하여 우열을 가리는 단체종목이 있다. 2회의 점프를 실시하여 점프한 거리와 자세 점수를 합하여 우열을 가리는 경기이다.

점수를 매기는 방법은 거리 점수의 경우 가장 많이 비행한 선수에게 60점을 주고 나머지 선수에게는 거리 차에 따라 감점하는

방식이다. 자세 점수는 5명의 심판이 20점 만점으로 채점한 뒤 가장 높은 점수와 낮은 점수를 제외한 점수를 합하여 정한다.

3. 바이애슬론 Biathlon

스키를 이용한 사냥에서 유래된 경기로 크로스컨트리에 사격을 포함시킨 경기라고 생각하면 된다. 스키를 타고 가면서 지정된 장소의 표적을 향해 사격한다. 이때 표적을 맞추지 못하면 벌점을 부과하는 방식으로 순위를 정한다. 1960년 제8회 동계 올림픽부터 정식 종목으로 채택되었다.

바이애슬론은 20km 개인 경기, 10km 스프린트 경기, 7.5km

씩 4명의 선수가 달리며 사격을 하는 30km 계주 경기가 각각 있다.

4. 복합 경기 Nordic combined

크로스컨트리15㎞와 점프 경기70m를 합한 경기를 말한다. 복합 경기는 3일간에 걸쳐 진행되는데, 처음 2일간은 3회 점프 중 2개의 좋은 기록을 더하며 마지막 날 15km 크로스컨트리 점수를 합하여 우열을 가린다. 크로스컨트리와 점프 경기의 순서가 바뀔 수도 있다.

알파인 경기 Alpine event

알프스 산맥 중심으로 발달한 알파인 경기는 1930년 스위스에서 제1회 세계대회가 개최되면서 시작되어 지금은 스키의 대명사가 될 정도로 인기가 높다. 이러한 알파인 경기는 다시 활강, 회전, 대회전, 슈퍼 대회전, 알파인 복합 경기 등으로 나누어진다.

1. 활강 경기 Down hill

활강은 보통 시속 90km~140km에 달하는 스피드를 겨루는 알파인의 대표적인 경기이다.

활강의 기문은 4개의 회전기문과 2개의 깃발로 이루어져 있으며 2번을 하는 회전과 달리 한 번의 경기로 승부를 가른다.

2. 회전 경기 Special slalom

수많은 기문을 통과하는 경기로 속도가 중요한 활강 경기에 비해 많은 기술이 필요하다. 기문의 수는 남자의 경우 최소 55기문 −3~최고 75기문 +3이며, 여자의 경우 최소 45기문 −3~최고 65기문 +3이다.

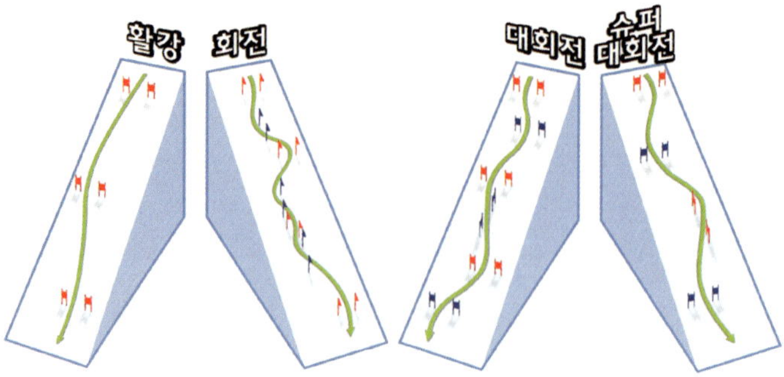

스키 종목의 종류

3. 대회전 경기 Giant slalom

활강과 회전의 중간적인 성격을 지닌 경기라고 생각하면 된다. 대회전 기문은 4개의 회전기문과 2개의 깃발로 이루어지며 기문의 수는 회전보다는 적고 활강보다는 많다.

회전 경기와 마찬가지로 2번 경기를 치러 경과된 시간의 합계로 우열을 가린다.

4. 슈퍼 대회전 경기 Super giant slalom

대회전보다 설면의 경사가 가파르고 기문 수가 적어 활강의 스피드와 대회전의 턴 테크닉 두 가지를 겸한 경기라고 생각하면 된다. 4개의 회전기문 및 2개의 깃발로 이루어져 있으며 활강 중에 2번의 점프가 있다.

최저 기문 수는 남자 35개, 여자 30개로 이는 필요한 회전의 최소 수치이기도 하다.

5. 알파인 복합 경기

한 경기에서 다른 특성을 가진 종목을 한꺼번에 치르는 경기이다. 예를 들어 처음엔 활강으로 내려오다가 회전 경기로 마무리하는 식이다.

프리스타일 경기

한편 스키가 점점 발달하면서 기존 스키의 틀에서 벗어나고자 하는 욕망이 스키어들 사이에서 꿈틀대었다. 그래서 탄생한 것이 프리스타일 스키이다. 이러한 프리스타일 스키에는 에어리얼 경기, 모글 경기, 발레 경기가 있다.

1. 발레 경기 Ballet skiing

발레경기는 스키 플레이트를 최대한 줄인 스키를 신고 음악에 맞춰 피겨처럼 연기를 하여 예술성을 평가받는 종목이다.

2. 모글 경기 Mogul skiing

급경사와 여러 장애물을 통과하면서 점프와 턴을 하며 턴의 생동감, 점프의 난이도, 활강에 소요된 시간 등을 평가받는 종목이다.

3. 에어리얼 Aerials

높이가 다른 세 종류의 점프대에서 점프하며 공중에서 스핀이나 비틀기 등의 연기를 하는 종목이다. 체조처럼 연기의 완성도, 점프할 때의 높이, 착지할 때의 균형 등이 평가 기준이 된다.

속도 경기

육상 100m 경기처럼 오로지 속도만으로 우열을 가리는 스키 경기를 속도 경기라 말한다. 스키에서 최고 속도는 활강 경기때 볼 수 있는데 이때의 속도가 시속 140km에 달한다. 하지만 속도 경기에서는 이보다 더해 시속 200km에 달하니 가히 놀랄 만하다.

이러한 속도를 내기 위해 속도 경기의 코스 중간에 턴을 요하거나 장애물이 없어야 한다. 속도 경기의 기록은 골인선 100m 전부터 골인선까지의 속도 중 최고 속도로 결정한다.

4

스노보드의 기본 지식과 역사

스노보드 탄생기

바비와 삼촌의 스키 이야기가 거의 끝나갈 무렵 브라보가 잠에서 깨었다.

"아함, 한잠도 못 잤네. 계속 시끄럽게 해서……."

브라보가 눈도 제대로 뜨지 못한 채 부스스한 얼굴로 일어났다.

"아하, 미안해 브라보! 안 그래도 조용조용 말한다고 했는데, 그만……."

브라보가 뿌루퉁한 표정으로 뒷목을 만지며 말했다.

"삼촌. 그런데 저…… 스노보드 타는 꿈을 꿨어요."

"정말?"

브라보의 말에 삼촌의 눈이 확 뜨였다.

"오, 놀라운 일이야. 이건 우리 브라보가 스노보드를 배워야 한다는 계시 같은데?"

브라보는 삼촌의 말에 눈살을 찌푸리며 고개를 흔들었다.

"삼촌은 또!"

"하하, 그래…… 스노보드 타란 이야긴 그만할게. 하지만 브라보, 스노보드는 정말 멋진 게임이야!"

스노보드 이야기가 나오자 삼촌은 갑자기 흥분하기 시작했다. 그러나 바비는 흥미를 잃은 듯 자기 침대로 가 버렸다. 이제 삼촌과 브라보만 남게 되었다. 삼촌은 마치 주인 잃은 강아지를 잡듯 브라보를 붙들었다.

"좋아, 브라보. 스노보드 타자는 말은 안 할 테니 대신 스노보드 이야긴 들어줄 수 있지?"

브라보의 얼굴에 그제야 미소가 살아났다.

"그야, 당근이죠. 저도 스노보드가 싫어서 그런 게 아니라 무서워서……."

"그래, 그래. 네 맘 삼촌이 다 이해하지."

삼촌은 아직 열기가 가라앉지 않은 모습이었다. 삼촌이 이번에는 스노보드 이야기를 쏟아내기 시작했다.

"스노보드는 가장 현대적인 스포츠라 할 수 있어. 왜냐하면 그 역사가 불과 40년 정도밖에 되지 않거든."

"40년?"

"응, 정식으로 스노보드가 생겨난 게 1970년대 말이니까, 이제 40년이 좀 더 지난 셈이지."

브라보가 약간 놀라는 눈치를 보였다.

"와, 진짜 생긴 지 얼마 되지 않네!"

삼촌은 우쭐해하며 말을 이어갔다.

"정식 스노보드가 생기기 전에 스너퍼snurfer라는 게 성행하고 있었어."

"스너퍼?"

"응."

삼촌은 인터넷을 검색하며 스너퍼의 모양을 브라보에게 보여주었다. 브라보는 스너퍼의 사진을 보더니 매우 신기해하는 표정을 지었다.

"와, 기막힌 아이디어네요."

"그렇지? 처음 스너퍼를 만든 사람은 단지 자신의 딸에게 좀 더 쉽고 재미있게 스키를 타게 해주려고 이런 장치를 만들었어. 스키 플레이트 2개를 묶어 하나의 보드로 만들었고 거기에 손잡이 역할을 하는 줄을 매달았어. 이 줄을 잡고 눈을 타는 거였어."

"와, 줄 타고 썰매 타는 거랑 비슷하네요. 재미있겠다!"

“하하, 그랬을 거야. 그러다가 누군가가 손잡이 줄을 없애고 스너퍼에다 고무줄로 발을 묶어 고정하는 방법을 고안했지. 이때부터 줄을 잡지 않고 스너퍼를 타기 시작한 거야.”

“와, 지금의 스노보드 비슷하게 된 거네요.”

“그렇지, 스너퍼는 이제 아이들 장난감 수준에서 벗어나 어른들 사이에서도 인기를 끌게 되었어. 스너퍼 대회까지 열릴 정도로 말이야! 그러다가 스너퍼가 점점 발전하여 지금의 스노보드까지 탄생하게 된 거야.”

“와, 재밌다. 삼촌은 정말 모르는 게 없는 것 같아요.”

브라보의 말에 삼촌은 우쭐해 보였다.

"생각해 봐, 브라보. 스키는 양손에 폴을 쥐어야 하고, 양발에 스키를 신고 있으니 아무래도 자유로운 동작을 하기엔 뭔가 역부족이야."

브라보가 동의한다는 듯 고개를 끄덕였다.

"하지만 스노보드는 어때? 양손이 자유롭지. 그리고 양발도 하나의 스노보드를 타고 있으니 훨씬 다양한 동작을 펼칠 수 있지 않겠어?"

"그건, 그런 것 같아요."

"스노보드가 단시간에 발전할 수 있었던 것은 바로 이 때문이라고 생각해. 사람들은 스노보드로 펼치는 스릴 넘치는 동작에 단숨에 매료되어 버린 거지."

"맞아요. 스노보드 타는 걸 보고 있으면 살이 떨릴 정도예요."

삼촌의 표정이 갑자기 굳어졌다.

"하지만 스노보드가 처음부터 승승장구하며 인기를 얻었던 건 아냐!"

브라보는 흠칫 놀랐다.

"그럼요?"

"스노보드가 처음 생겨났을 때 많은 스키어들이 견제하기에 바빴어."

"아니, 왜요?"

"스노보드가 위험하다느니, 설질스키를 타기에 좋은 눈의 성질을 헤친다느니 하면서 말이야. 실제 스노보드는 눈을 타고 내려올 때 회전반경이 커 슬로프에 깊은 골을 만들곤 했지. 하지만 내 생각엔 사실 자기들과 경쟁이 될 수 있으니 위협을 느껴 그렇게 말한 면도 있다고 생각해."

"에이, 설마요?"

"내 생각에 그렇다는 거야. 그래서 당시에는 스노보드를 타고 싶어도 탈 곳이 마땅치 않았어. 결국 스노보드는 스키장에서 타야 하는데 당시 미국에 있던 600여 개의 스키장 중에서 39곳만이 스노보드를 탈 수 있게 해주었다고 해."

삼촌은 약간 표정을 찡그리며 말을 이었다.

"그리고 그렇게 개방한 스키장들조차 스키장 슬로프의 한쪽에 골을 만들어 그곳에서만 스노보드를 타게 했대. 게다가 리프트를 타지도 못하게 했고……."

"리프트를 못 타면 재미없었겠다."

"그렇지, 그래서 초창기 스노보드는 발전이 더딜 수밖에 없었던 거야."

"그런 일이 있었네요."

"하지만 스노보드 마니아들은 결코 포기하지 않았지. 계속 스노보드 기술을 발전시켰어. 때마침 불어닥친 스케이팅보드의 열풍도 스노보드의 기술을 발달시키는 데 크게 한몫했지. 이렇게 기술이 발달하자 서서히 스키장들도 스노보더들에게 문을 열기 시작했어. 이렇게 스노보드를 탈 수 있는 곳이 많아지자 스노보드는 급속히 발전할 수밖에 없었지. 워낙 스릴 넘치고 매력적인 스포츠잖아."

"맞아요!"

그때 바비가 하품을 하며 삼촌에게로 왔다.

"이제 스노보드 이야기 끝났어요?"

"아니, 이제 시작하려는데!"

삼촌의 장난기 섞인 말에 바비는 눈이 동전처럼 동그래졌다.

내가 문제 하나 낼게.
쩝~ 무슨 문젠데요?
스키는 올림픽 종목인 거 확실하지? 그러면 스노보드도 올림픽 종목일까요, 아닐까요?
당연히 올림픽 종목이죠, 전에 본 숀 화이트 선수의 경기 장면이 올림픽 아니었어요?
어? 그런가. 올림픽에서 스노보드 경기를 본 적이 없는 것 같은데…….
아니, 바비의 말이 맞았어. 그때 보여준 장면이 동계올림픽 맞아.
우와, 스노보드는 몇몇 사람들만 즐기는 스포츠인 줄 알았는데 올림픽 종목이라니, 놀랍다!
너희, 숀 화이트 선수가 어느 정도 대단한지 모르지?
?

놀라지 마. 숀 화이트 선수는 스노보드계의 김연아라고 불릴 정도야!
스노보드계의 김연아?
에이, 그 정도는 아닌 것 같은데?
숀 화이트 선수는 현재 스포츠 스타 중 김연아 선수와 함께 수입이 가장 많은 선수이기도 해.
스노보드로 엄청난 수입을 올리다니, 믿을 수 없어!
이걸 이해하려면 우리나라와 다른 미국의 분위기를 이해해야 해. 미국에서 스노보드는 단순한 스포츠가 아니라 하나의 놀이야.
그리고 엑스게임이라 불리면서 스노보드나 스케이트보드 대회가 열리는데 그 열기는 가히 상상을 초월하지.
2011 Snowboard Championships
FINISH

사실 우리나라에서는 김연아 선수 때문에 스케이팅이 인기 있지만 미국에서는 스노보드의 인기가 더 좋아!
우와, 그 정도로!
미국의 스노보드가 이렇게 인기 있게 된 중심에 바로 숀 화이트 선수가 있지!
내가 첨에 보여준 스노보드 영상 있지? 하늘을 휙휙 날아다니는!
응, 그거 정말 대단했어요!
그게 바로 숀 화이트의 어린 시절 모습이야!
뭐, 뭐라고요?
그러니 이 삼촌이 어떻게 그걸 따라하겠냐!
완전히 스노보드의 신이네요, 신!
뭐, 그렇다고도 할 수 있지. 그리고 말이야…….

숀 화이트는 평소에도 묘기를 보여줄 뿐만 아니라 각종 대회에 나가서도 금메달을 휩쓸었지.
게다가 2006년 토리노 동계올림픽과 2010년 벤쿠버 동계올림픽에 나가서도 금메달을 따내 전 세계 스노보드계의 최고 왕자로 등극했어!
그 실력이 다른 선수들과 월등히 차이가 나 이건 경기를 보는 게 아니라 숀 화이트의 개인기를 본다고 하는 게 더 맞을 정도였어.
백 번 말하는 것보다 한 번 보는 게 더 나아. 이것 좀 봐!
이건 정말! 스노보드 신 중의 신이다!
꺄오! 최고로 멋진 오빠아~
벌러덩!

스노보드, 알아볼까요?

스노보드의 역사

스너퍼가 인기를 끌고 있을 무렵인 1970년대 중반, 당시 스케이트 세계 챔피언이었던 톰 심스Tom Sims는 스너퍼보다 한 단계 발전된 보드 제품을 만들어 선보였다. 이때부터 스노보드라는 명칭이 사용되면서 1976년에는 미국스노보드협회가 발족되기에 이른다. 그러나 초창기 스노보드는 위험하다는 이유로 크게 관심을 끌지 못하다가 1980년대부터 기술이 인정을 받으면서 개방되기 시작한다. 이후 스노보드는 기술이 급격히 발달하면서 단숨에 스키를 따라잡을 정도로 인기를 구가한다.

1982년에는 미국에서 내셔널스노보딩챔피언십대회가 열렸고, 1987년에는 첫 세계챔피언대회가 열리는 등 스노보드는 획기적인 발전을 거듭한다. 그리고 1991년 세계스노보드연맹World Snowboard Federation : WSF이 창설되어 월드시리즈대회와 마스터 월드컵대회 등 국제 규모의 대회가 잇달아 열리게 되었다. 스노보드의 매력에 매료된 스노보드 인구는 전 세계적으로 늘어갔고, 급기야 스키의 인기를 따라잡을 정도가 되자 국제올림픽위원회는 스노보드를 올림픽 정식 종목으로 채택할 수밖에 없는 압박을 받게 된다. 그리하여 결국 스노보드는 1998년 나가노 동계올림픽부터 올림픽 정식 종목으로 인정받기에 이른다. 이는 스노보드가 탄생한 지 불과 20여 년 만에 이룬 쾌거였다. 역사상 어떤 스포츠도 이렇게 짧은 기간에 올림픽 정식 종목으로 채택된 예는 없었기 때문이다.

우리나라 스노보드의 역사

세계 스노보드의 역사가 얼마 되지 않는 것처럼 우리나라 스노보드의 역사 또한 매우 짧을 수밖에 없다. 우리나라에 스노보드가 처음으로 알려지기 시작한 것은 1990년대 초 몇몇 수입업체들이 미국의 스노보드에 관심을 가지고 샘플로 수입하면서이다. 그리고 초기에는 외국에서 스노보드를 접한 사람들이 국내에 들어와 기술을 전파하면서 서서히 사람들의 관심을 끌게 되었다. 그러나 우리나라에 보급된 스노보드 역시 위험하고 스키장을 헤친다는 인식 때문에 많은 제약을 받아, 초기 스노보더들은 스키어들과 잦은 싸움을 할 수밖에 없었다. 스키장 일부에 스노보드장이 개설되는 등 스노보드의 발전은 더딜 수밖에 없었다.

그러나 1990년대 중반 이후 인터넷이 확산되면서 스노보드는 획기적인 계기를 마련하게 된다. 왜냐하면 인터넷을 통해 외국의 스노보드 현황이 낱낱이 공개되었기 때문이다. 특히 스노보드를 소재로 한 엑스게임이 보급되면서 젊은이들 사이에서 스노보드는 하나의 문화로 자리 잡을 정도로 발전하게 되었다. 스노보드 인구는 날이 갈수록 늘어났고, 이에 각 스키장들은 스노보드장 개설에 박차를 가할 수밖에 없었다. 이렇게 스노보드의 열기가 확산되면서 자연스럽게 우리나라의 스노보드 기술 또한 급속히 발전하였고, 지금은 아시아 수준을 넘어 세계적인 수준에 도전할 정도가 되었다.

"삼촌 그러면 스노보드는 올림픽에서 어떻게 경기를 해요?"

브라보가 궁금하다는 듯 질문을 던졌다.

"와우! 우리 브라보가 아주 좋은 질문을 했다. 스노보더들도 처음에는 스키의 알파인 경기처럼 산을 타고 내려오는 경기를 했었지. 하지만 스노보드 기술이 점점 발전하면서 좀 더 고난도 기술에 도전하게 되었어. 그래서 생겨난 것이 프리스타일이야. 너희들도 동영상에서 본 것처럼 위험한 난간을 타고 공중을 날아다니고 하는 경기 있지, 그게 바로 프리스타일이야. 이처럼 스노보드 경기는 크게 알파인 경기와 프리스타일 경기로 나누어져."

"와, 그러니까 숀 화이트가 했던 것은 프리스타일 경기네요."

"맞아, 역시 바비는 머리 회전이 빨라."

삼촌이 바비를 칭찬하자 브라보가 눈살을 찌푸려 보였다. 삼촌은 브라보의 눈치를 보며 다시 말을 조심스럽게 이어갔다.

"올림픽에서는 이중 세 가지 종목을 채택하고 있는데 바로 평행대회전, 하프파이프, 스노보드크로스 등이지."

"아, 어려워요."

"하하, 그렇지. 평행대회전은 말 그대로 스키의 대회전 경기랑 거의 비슷한 경기를 말해. 대신 기문이 작고 낮은 것이 달라. 하프파이프는 숀 화이트가 보여주었던 경기를 말하고."

"아하!"

"경기장의 모습이 마치 파이프를 반으로 잘라놓은 것처럼 생겼다고 해서 붙여진 이름이야. 이것은 가장 스릴 넘치고 멋진 기술을 보여준 선수에게 높은 점수를 줘 순위를 매기는 게임이지."

"숀 화이트가 세계 챔피언이죠?"

"맞아, 그리고 스노보드크로스는 중간에 장애물을 설치하고 여러 명이 동시에 출발해 1등으로 들어오는 선수가 우승하는 게임을 말해."

"그것도 재미있겠다!"

"그런데 최근 스노보드에 익스트림 게임이 생겨나면서 폭발적인 인기를 끌고 있어."

"아, 저도 들어봤어요, 익스트림!"

"급경사나 계곡을 타고 내려오는 경기인데 진짜 등골이 오싹해질 만큼 스릴 만점의 게임이지."

"지난번 숀 화이트 선수가 했던 동작은 정말 신기에 가까웠어요."

"맞아, 숀 화이트가 유명해진 건 사실 익스트림 게임 때문이라고 할 수 있지. 마치 묘기 대행진을 보는 것 같아."

"아, 난 점점 숀 화이트의 팬이 되어가는 것 같아요."

"여하튼, 지금 스노보드는 점점 새로운 기술들이 등장하며 발전하고 있기 때문에 앞으로 또 어떤 종목이 생길지 모르는 상황이야."

"그렇겠네요."

"어때 브라보, 스노보드가 점점 재미있어지지 않아?"

삼촌의 질문에 브라보는 곧바로 대답하지 못했다. 하지만 브라보의 마음속은 자기도 모르게 "네."라는 대답을 하고 있었다. 그만큼 브라보는 스노보드에 점점 빠져들고 있었던 것이다.

"오늘은 스키 대신 스노보드를 타는 게 어때?"

삼촌이 갑자기 이런 제안을 했다.

"에이, 그래도 난 스키가 더 좋아, 스키 탈래요."

바비가 반대 의견을 던졌다.

"아니야, 삼촌은 이미 마음을 정했어. 오늘은 스노보드를 꼭 타고 싶어."

"첫, 브라보 때문이죠? 나보다 브라보를 더 좋아해서……."

"바비, 그건 절대 아냐, 오해라구! 대신 내일은 스키를 탄다고 약속할게."

"첫, 아주 스노보드에 빠져 있어."

바비가 빈정거렸다.

결국 그날, 바비와 브라보는 삼촌을 따라 스노보드를 타러 가게 되었다. 물론 엄마와 아빠는 스키를 타겠다고 해 스키를 타러 갔다.

스노보드, 알아볼까요?

스노보드 경기 종목

스노보드는 크게 알파인 경기와 프리스타일 경기로 나누어진다.

알파인 경기는 스키의 알파인 경기처럼 슬로프에 설치된 여러 가지 기문을 통과하며 회전하여 내려오는 방식의 경기를 말한다. 회전반경의 크기에 따라 슈퍼 자이언트 슬라롬슈퍼 대회전, 자이언트 슬라롬대회전, 패러렐 자이언트 슬라롬평행 대회전, 듀얼 슬라롬 등으로 나누어진다. 이중 대회전 경기가 올림픽 종목으로 치러지며 최근 평행 대회전 경기가 2014년 올림픽 경기부터 정식 종목으로 추가되는 것이 확정되었다.

프리스타일 경기는 크게 하프파이프, 빅 에어, 슬로프 스타일, 스노보드크로스 등이 있다. 이중 하프파이프와 스노보드크로스가 올림픽 종목으로 행해지고 있으며 최근 슬로프 스타일 경기가 2014년 올림픽 경기부터 정식 종목으로 추가되는 것이 확정되었다. 슬로프 스타일slope style은 슬로프를 내려오는 동안 여러 가지 도약대와 장애물을 이용하여 다양한 묘기를 연출하는 경기를 말하는데, 스노보드크로스가 프리스타일과 알파인 경기가 혼합된 경기라는 점에서 이 둘은 다르다 할 수 있다.

이 외에 길거리에서 인공 구조물을 통과하며 묘기를 보여주는 점프와 급경사나 계곡 등을 타고 내려오며 묘기를 보여주는 익스트림 등의 경기가 있다.

스노보드 올림픽 종목과 경기 방식

올림픽 스노보드 경기는 남녀 각각 다음 3종목의 경기가 치러지며 총 6개의 금메달이 걸려 있다.

1. 평행 대회전

2명이 동시에 출발하여 설치된 기문을 통과하며 내려오는 경기이다. 이때 2회전을 치룬 시간을 합하여 더 빠른 시간에 들어온 선수가 승리한다. 이렇게 토너먼트 방식으로 경기를 치러 우승자를 결정한다.

2. 하프파이프

직경 12~40m, 길이 70~150m, 경사도 15도로 설치된 하프파이프 모양의 경기장을 활강하면서 양측의 정점에서 점프하여 여러 가지 기술을 보여주는 경기이다. 5명의 심판이 10점 만점으로 채점하여 합산 기록으로 순위를 결정한다. 이때 채점 기준은 비행거리, 높이, 난이도, 회전 등을 보며 가장 훌륭한 기술을 보여

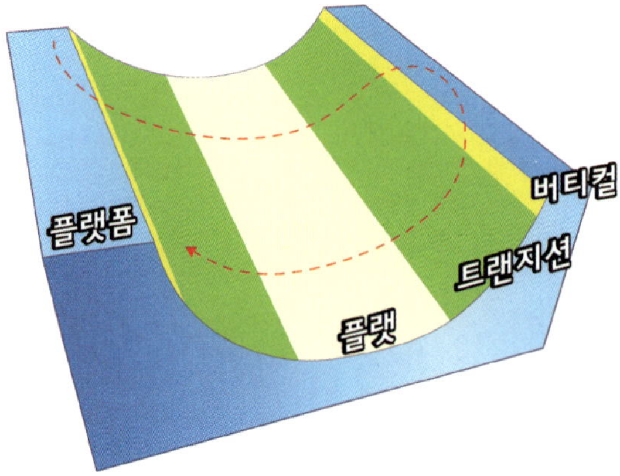

하프파이프 경기장

준 선수에게 높은 점수를 주게 된다.

3. 스노보드크로스

여러 가지 장애물이 설치된 경기장을 4명의 선수가 동시에 출발하여 순위를 다투는 경기이다. 우승자를 결정하는 방식은 기록이 아니라 순위이다. 즉 토너먼트 방식으로 경기를 진행하여 우승자를 결정한다.

2014년 소치 동계올림픽 스키, 스노보드 종목 신설

한편, 스키와 스노보드는 기술이 점점 발달함에 따라 2014년 소치 동계올림픽에서는 3개의 종목이 더 신설될 전망이다. 2011

년 7월 5일, 국제올림픽위원회 위원장인 자크 로게는 2014년 동계올림픽에서 스키, 스노보드 세부 종목 3개를 추가한다고 발표했다. 추가되는 종목은 스키 슬로프 스타일, 스노보드 슬로프 스타일, 스노보드 평행 스페셜슬라롬이다. 따라서 올림픽 스노보드의 금메달 수는 남녀 각각 2개씩이 더 늘어나 총 10개가 되었다.

스노보드를 배우다

바비와 브라보는 그렇게 삼촌의 손에 이끌려 두근거리는 마음으로 스노보드를 타러 나갔다. 그리고 드디어 프런트에서 스노보드 장비를 대여 받고 스노보드장으로 나섰다.

"너희 스노보드 장비도 처음 보지?"

"네!"

삼촌은 자신이 먼저 스노보드 장비를 완전히 착용한 후 하나하나 설명해 주기 시작했다.

"스노보드 장비는 스노보드 외에는 스키랑 거의 비슷해. 헬멧, 고글, 장갑 등."

"폴이 없잖아요."

"하하, 역시 바비야. 폴을 기억하고 있었구나. 맞아, 스노보드

스노보드 장비들

는 폴이 없어. 스노보드와 바인딩, 부츠만 있으면 되지."

삼촌은 스노보드와 부츠를 풀어 놓으면 좀 더 자세히 설명하기 시작했다.

"우선, 부츠는 크거나 작으면 보딩할 때 아주 불편해. 그래서 딱 맞는 걸 신는 게 중요하지."

"딱 맞는다는 게 어떤 걸 말해요?"

"응, 부츠를 신었을 때 발뒤꿈치를 밀착한 상태에서 발가락이 앞쪽에 닿으면서 구부러지지 않을 정도가 적당해."

브라보가 직접 부츠를 신어보았다.

"어? 좀 큰 것 같아요."

"그럼, 바꿔야겠구나. 바비는 어때?"

"전, 딱 맞는 것 같아요."

삼촌은 다시 스노보드에 대해 설명하기 시작했다.

"요즘 나오는 스노보드는 얇은 나무판 위에 유리섬유와 플라스틱 합성수지를 덧씌워 만들고 있기 때문에 아주 안전해. 그러니 혹시 부러질까 걱정할 필요가 없다는 이야기야."

"어? 그런데 왜 삼촌 거랑 우리 거랑 모양이 달라요?"

삼촌은 씩 웃으며 말을 이었다.

"하하, 그건 알파인용과 프리스타일용 스노보드의 모양이 다르기 때문이지. 삼촌은 프리스타일용을 달라고 했거든."

"알파인과 프리스타일?"

"그래, 모든 스노보드 장비는 알파인용과 프리스타일용이 서로 달라. 부츠도 알파인용과 프리스타일용이 다르고 스노보드와 바인딩도 모두 다르지. 잘 봐, 프리스타일용 스노보드는 앞코와 뒤꼬리가 모두 위로 올라가 있지만 알파인용 스노보드는 앞코만 약간 올라가 있지."

"그렇구나."

"부츠의 모양도 달라. 프리스타일용 부츠는 소프트부츠를 신는 반면, 알파인용 부츠는 하드부츠를 신지."

"하드부츠와 소프트부츠의 차이는 뭔데요?"

"응, 말 그대로 하드부츠는 딱딱한 재질로 되어 있어 발목의 움직임을 제한하고, 소프트부츠는 부드러운 재질로 되어 있어 발목의 움직임을 자유롭게 해주지."

"아하, 프리스타일 경기는 움직임이 자유로워야 하니까 그런 거죠?"

"맞아, 이제 가르쳐 주지 않아도 척척이구나. 장비에 대해 어느 정도 알았으니 진짜 스노보드 타러 가볼까. 으, 이거 가슴이 설레는데!"

삼촌은 진짜 어린아이 같은 표정으로 들떠 있었다. 요즘 스노보드에 빠져 지낸다는 말이 빈말이 아니었던 것이다.

스노보드 장비

1. 스노보더의 복장

스노보더의 복장은 기본적으로 스키복과 비슷하다고 할 수 있다. 스키복을 그대로 입어도 상관없으나 아무래도 동작의 크기가 다르기 때문에 스노보더의 복장은 스키복보다는 헐렁하게 입는 것이 좋다. 또한 눈 위에서 오랫동안 운동하는 스포츠이기 때문에 보온성이 우수하고 방수성이 좋아야 하는 것은 당연하다. 또한 장갑과 따뜻한 양말 등을 착용해야 동상을 예방할 수 있다. 그리고 목에 눈이 들어오지 않고 목 주위를 따뜻하게 유지하기 위해 넥 워머를 착용하는 것이 좋다.

2. 안전 장비

스노보드는 언제 위험이 닥칠지 모르기 때문에 반드시 안전 장비를 착용해야 한다. 이는 초보자만 해당되는 것이 아니라 숙련자에게도 해당되는 것으로, 반드시 무릎과 팔꿈치, 엉덩이 보호대를 착용해야 하며 머리 보호를 위한 헬멧도 반드시 착용해야 한다. 그리고 눈발이 날리거나 바람이 강한 날, 얼굴에 눈이 직접 닿는 것을 막기 위해 고글을 반드시 착용해야 한다.

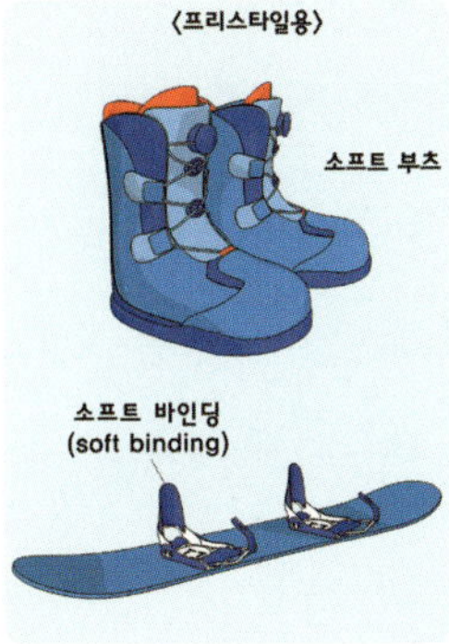

스노보드 바인딩의 종류

3. 스노보드

알파인용 보드와 프리스타일용 보드가 있으며, 보드 자체만을 칭할 때는 보통 데크라고 부른다.

프리스타일용 보드는 착지 등을 할 때 안전성이 필요하므로 두껍게 설계되어 있다. 알파인용 보드는 턴할 때 보드가 부드럽게 휘어져야 하기 때문에 보드 중심이 좁게 디자인되어 있다. 스노보드의 길이는 세웠을 때 자신의 턱까지 오는 것이 적당하며 초보자들은 딱딱한 것보다 조금 부드러운 보드를 사용하는 것이 좋다.

4. 바인딩

바인딩은 보드 판과 부츠를 연결해 주는 역할을 하기 때문에 매우 중요한 부분이다. 바인딩을 정확하고 바르게 착용해야 스노보드를 편안하게 탈 수 있다. 이러한 바인딩에는 플레이트하드 바인딩과 소프트 바인딩이 있다. 하드 바인딩은 주로 알파인에 사용되고 소프트 바인딩은 프리스타일에 사용된다. 하드 바인딩의 경우 부츠의 뒤꿈치를 베일에 걸고 발끝의 토클립을 조이는 방식으로 부츠를 고정한다. 반면 소프트 바인딩은 2~3개로 되어 있는 스트랩으로 부츠를 고정하고 버클을 조이는 방식을 사용한다.

스노보드장은 스키장 한쪽에 따로 마련되어 있었다. 스노보드 전용 슬로프와 함께 여러 장애물이 설치된 보드장도 있었다.

"일단 내가 먼저 시범을 보일 테니 잘 봐."

드디어 삼촌이 스노보드를 타기 시작했다. 멋진 스노보드 복장을 갖추고 슬로프에 들어선 삼촌의 모습은 마치 영화배우처럼 멋져 보였다. 삼촌은 드디어 스노보드를 타기 시작했다.

그것은, 생각보다 훨씬 굉장했다. 삼촌은 슬로프를 멋지게 미끄러져 내려가는가 싶더니 이번에는 장애물을 타기도 했다. 브라보는 삼촌이 다칠까 봐 아찔한 생각이 들었지만 삼촌은 브라보의 우려를 말끔히 씻어 버렸다. 그야말로 장애물을 멋지게 타며 영화 같은 장면을 연출해 보였기 때문이다. 브라보는 이런 삼촌을 보며 정말 멋있다는 생각을 했다.

"와, 내가 붕붕 날아가는 기분이야."

브라보가 저도 모르게 소리쳤다. 바비도 연신 탄성을 질러댔다. 삼촌이 돌아오자 브라보가 흥분된 목소리로 말했다.

"삼촌 완전히 딴 사람 같아요. 스키 탈 때보다 훨씬 멋있어요."

삼촌도 기분이 좋은지 연신 우쭐댔다.

"자, 이제 너희도 스노보드를 타보자."

바비와 브라보는 드디어 부츠를 신고 스노보드에 바인딩을 하려고 했다.

"바인딩하기 전에 먼저 어떤 스탠스로 할 것인지 정해야 해."

"스탠스가 뭐예요?"

"내가 스탠스에 대해 설명 안 했었나? 스탠스란 보드에 올려 놓을 두 발의 위치를 말해. 스노보드는 보드판 위에 옆으로 서기 때문에 앞발과 뒷발이 구분되거든. 이것은 라이딩할 때 영향을 미치기 때문에 아주 중요해."

"정말 그렇겠네요."

"그럼, 앞발은 축이 되는 발이기 때문에 힘껏 버틸 수 있는 발을 놓아야 해. 그리고 뒷발은 미묘한 보드 조작을 해야 하기 때문에 이에 유리한 발을 놓아야 하고."

"아, 그렇구나. 그럼 난 오른발을 앞에 두고 왼발을 뒤에 둘래요. 오른발이 더 힘이 세거든요."

"하하, 그러면 구피 스탠스가 되겠구나. 오른발을 앞에 두는 걸 구피 스탠스라고 하거든. 그리고 왼발을 앞에 두는 걸 레귤러 스탠스라 하고. 대부분 사람들은 레귤러 스탠스를 사용하지."

"아, 난 어떤 스탠스를 해야 할지 잘 모르겠어요."

바비가 안절부절못하였다.

"사실 나도 헷갈려요."

"그래, 그래. 스탠스를 결정하는 방법을 알려줄게. 브라보 너 공 찰 때 주로 어떤 발로 차니?"

"그야 오른발이죠."

"그럼, 넌 레귤러 스탠스가 맞아. 즉 오른발이 뒤에 가야 한다구."

그러면서 삼촌은 갑자기 바비를 뒤에서 밀었다.

"앗, 갑자기 왜 밀어요?"

바비가 소리쳤다.

"하하, 밀었을 때 어떤 발이 먼저 앞으로 나가는지 보려고 그랬어. 근데 바비는 보통 사람과 달리 왼발이 먼저 나가네. 혹시 너 달리기할 때는 어느 발이 먼저 나가니?"

바비는 잠시 생각하는가 싶더니 왼발인 것 같다고 대답했다.

"하하, 그럼 넌 구피 스탠스가 맞아. 왼발이 뒤쪽에 가는."

"아, 복잡해."

"다시 정리해 줄게. 공을 찰 때 주로 사용하는 발, 뒤에서 밀쳤을 때 먼저 나가는 발, 달리기 출발할 때 먼저 나가는 발이 스탠스에서는 뒤쪽에 와야 한다고 생각하면 간단해."

"와, 그렇게 정리하니까 쉽네요."

이렇게 바비는 구피 스탠스, 브라보는 레귤러 스탠스로 드디어 부츠를 스노보드에 장착했다.

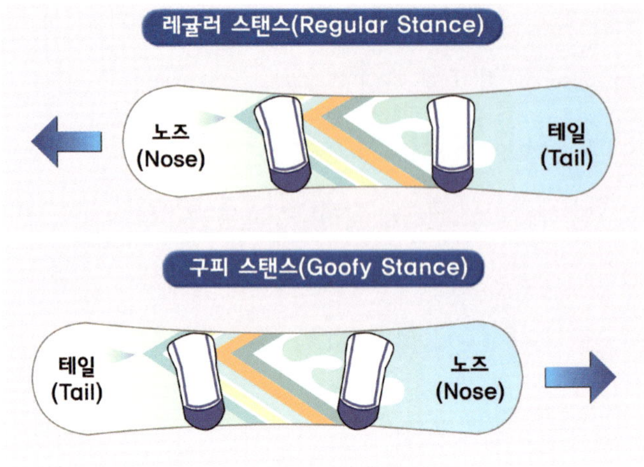

구피 스탠스와 레귤러 스탠스

"폴이 없으니까 좀 무섭긴 무서운 것 같아요."

바비가 폴이 없어 겁이 난다며 조금 망설이는 눈치를 보였다.

"스노보드가 손잡이도 없이 안전하게 눈 위를 달릴 수 있는 것은 무게중심에 그 비밀이 있어."

"무게중심이요?"

"그래, 사람의 무게중심은 배꼽 아래 10cm 지점에 있는데 그 무게중심을 잘 잡기 때문에 쉽게 넘어지지 않는 거야."

"그렇구나."

"무게중심을 뒷발에 두면 보드의 앞쪽이 가벼워지고 앞발에 두면 보드의 뒤쪽이 가벼워지잖아. 이때 가벼워진 보드의 방향을 바꿀 수 있지. 스노보드의 회전은 이런 원리로 이루어지는 거야."

"좀 어렵네요."

"일단 바인딩을 해보도록 하자."

"바인딩요?"

"그래, 내 발을 스노보드에 고정하는 걸 말해. 스노보드의 바인딩은 각도를 조절할 수 있게 되어 있지."

삼촌은 바인딩을 이리저리 움직여 보였다.

"경기의 종류에 따라 각 발의 각도를 조절하는 방법이 다른데 초보자의 경우 프런트 스탠스가 좋아."

"프런트 스탠스?"

"응. 보통 앞, 뒷발을 모두 앞쪽으로 향하게 하는 세팅 방법을 말해. 초보자는 보통 앞발을 21~27도 정도의 전방 각도로 놓고 뒷발을 3~9도 정도의 전방 각도로 놓는 것이 가장 좋지. 이렇게 하면 자유롭고 편하게 라이딩하는 데 적당하거든. 하지만 이건 개인에 따라 다르니 자기에게 가장 편안한 각도를 선택하는 게 좋아."

스노보드, 알아볼까요?

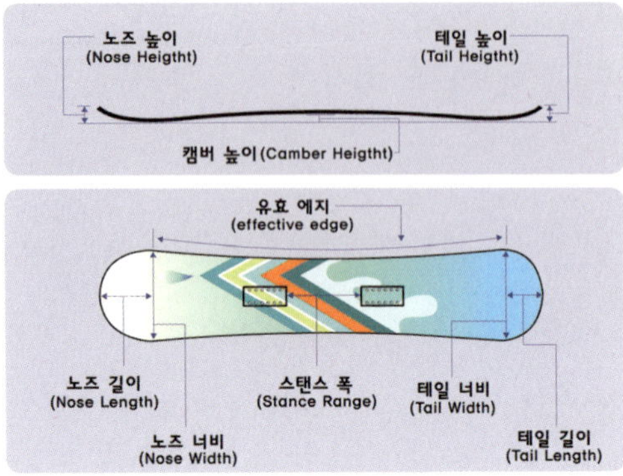

스노보드 각 명칭

스노보드 판을 보통은 데크라 하며 데크의 앞부분은 노즈, 뒷부분은 테일이라고 한다. 데크 위에 바인딩이 장치되어 있는데 바인딩과 바인딩 사이의 폭을 스탠스 폭이라고 하며 보통 자신의 무릎 높이나 어깨 넓이 정도가 적당하다.

유효 에지란 실제 눈에 직접 닿는 부분을 말한다. 따라서 이 유효 에지의 길이에 따라 실제 움직임에 커다란 영향을 받게 된다. 어쩌면 데크의 길이보다 더 중요하다 할 수도 있다. 에지의 길이는 통상적으로 라이딩달리는 것 위주라면 유효 에지가 긴 편이 좋고, 트릭 위주장애물을 통과하며 기술을 쓰는 것라면 짧은 편이 좋다.

또한 캠버란 데크를 바닥에 두었을 때, 데크의 중앙 부분이 붕

떠 있는 것을 말한다. 스노보더들은 이러한 캠버의 반발력을 이용해 각종 기술을 사용한다. 일반적으로 초보자들의 경우 캠버 높이가 낮은 데크를 사용해야 한다.

바인딩 각도에 따른 스탠스의 종류

바인딩 각도에 따라 프런트 스탠스Front stance와 덕 스탠스Duck stance가 있다. 프런트 스탠스는 양발이 모두 앞쪽을 향하는 것이며 특히 뒷발의 앵글이 0도일 때를 스퀘어 스탠스라고 부르기도 한다. 이러한 프런트 스탠스는 주로 알파인 경기를 하는 스노보더들이 즐겨 사용하는 스탠스이다. 한편, 바인딩의 각도가 서로 반대되는 각도-앞발은 전방, 뒷발은 후방-로 앵글을 맞추는 것을 덕 스탠스라고 한다. 이는 마치 오리 발바닥 모양 같다고 해서

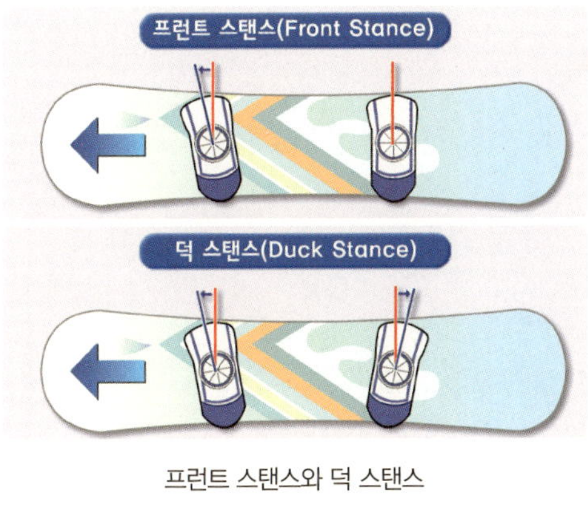

프런트 스탠스와 덕 스탠스

붙여진 이름이다. 덕 스탠스는 착지시 안정성이 높기 때문에 주로 프리스타일의 하프파이프 연기를 하는 스노보더들이 즐겨 사용하고 있다.

스탠스를 불안정하게 선택할 경우 안정적이지 못한 자세로 이어지기 때문에 자신에게 맞는 스탠스를 결정하는 것은 매우 중요하다.

드디어 바비와 브라보는 바인딩까지 완료하였다. 드디어 스노보드를 타야 하는 순간이 된 것이다. 그때 갑자기 무슨 소리가 들리는 것 같았다.

"이거 어디서 쿵쿵 하는 소리가 들리지?"

삼촌이 이상하다는 듯 귀를 쫑긋 세웠다. 그리고 귀를 점점 소리 나는 곳으로 옮겨가더니 브라보의 가슴께에서 멈췄다. 삼촌은 브라보의 가슴에다 귀를 갖다 댔다. 가슴이 쿵쿵 하고 뛰는 소리가 들렸다.

"브라보, 무섭니?"

브라보는 조금 망설이는가 싶다가 이내 고개를 끄덕였다.

"삼촌이 시키는 대로만 하면 안전하니 너무 겁부터 먹지 마."

하지만 브라보의 얼굴은 여전히 파랗게 질려 있었다.

"오늘은 일단 기본자세만 알려줄게."

삼촌은 자신이 직접 스노보드의 기본자세를 취해 보였다.

"양 무릎을 10~15도 정도 앞으로 굽히고 허리는 곧게 편 채 전방으로 약간만 숙여주면 돼. 그리고 팔은 양쪽으로 약간 벌린 채 손을 허리 부근에 둬야 해. 시선은 전방 15m 지점을 주시하면 되고."

"이때 중요한 것은 자세에 신경 쓰다가 무게중심을 잃지 않아야 한다는 거야. 자, 이제 앞으로 서서히 나아가 봐."

스노보드 기본자세

바비와 브라보는 삼촌을 따라 기본자세를 취하고 조심스럽게 스노보드를 움직이기 시작했다.

"처음에는 앞발만 바인딩을 채우고 뒷발로 설면을 밀면서 앞으로 나가도록 해. 그리고 어느 정도 가속이 붙으면 뒷발을 바인딩에 올리고 보드를 타는 거야."

바비는 삼촌이 시킨 대로 어느 정도 스노보드를 타고 미끄러져 나아갔다. 그러나 브라보를 타자마자 그대로 벌러덩 넘어지고 말았다. 제법 제대로 넘어졌는지 털썩 하고 소리가 크게 날 정도였다.

"브라보, 괜찮아?"

삼촌이 브라보에게 달려갔다. 브라보는 어느새 얼굴을 찡그리며 울기 일보직전이었다.

"삼촌이 실수했어. '넘어지기'부터 가르쳤어야 했는데……."

삼촌의 말이 끝나기도 전에 이번엔 바비도 그대로 꽈당 하고 넘어졌다. 바비는 아프다며 엉엉 울기까지 했다. 삼촌은 바비와 브라보에게 미안하다며 넘어지기를 가르치기 시작했다.

"사실 초보자들이 스노보드를 타면서 넘어지는 건 당연한 거야. 그런데 넘어지는 걸 무서워하면 절대 스노보드 실력이 늘 수가 없지. 그리고 잘못 넘어지면 커다란 부상을 당할 수도 있고. 그러니 잘 넘어지는 것도 스노보드의 중요한 기술 중 하나인 거야."

삼촌은 바비와 브라보를 세워놓고 앞으로 넘어지고 뒤로도 넘어지는 동작을 선보였다.

"와, 저렇게 넘어지면 정말 아프지도 않겠다."

바비와 브라보는 삼촌의 익숙한 동작에 감탄을 했다.

넘어지기와 일어나기

스노보드를 본격적으로 배우기 전에 넘어지기와 일어나기를 배워두는 것이 중요하다. 왜냐하면 처음 스노보드를 타면 자주 넘어지게 되는데 이때 이 기술이 두려움을 줄여주고 스노보드에 익숙해지게 도와준다.

1. 넘어지기

앞으로 넘어지는 방법은, 기본자세에서 무릎을 90도로 굽혀 설면과 거리를 최소화하면서 엎드려 넘어진다. 이때 무릎이 먼저 설면에 닿도록 하며 팔을 들어 낙법하듯이 팔과 손바닥으로 바닥을 쳐 충격을 흡수시키고 무릎을 굽히면서 보드를 설면에서 살짝 들어올린다. 이때 얼굴이 설면에 부딪치지 않도록 들어주거나 옆으로 돌려주어야 한다.

뒤로 넘어지는 방법은, 역시 무릎을 90도로 굽혀 설면과 거리를 좁히면서 엉덩이가 먼저 닿게 넘어진다. 이때 팔을 바닥에 대면 다칠 수 있으므로 반드시 가슴 쪽으로 모아야 한다. 그리고 보드를 설면에서 들어올린다.

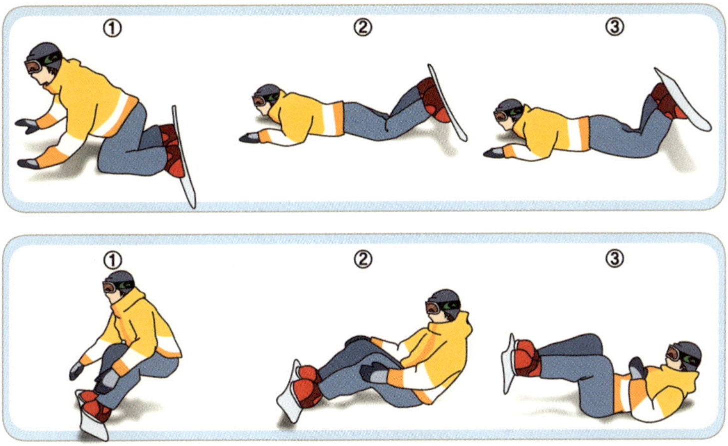

안전하게 넘어지는 법

2. 일어나기

스노보드를 타다가 넘어진 후 일어나는 기술도 중요하다. 잘못하면 일어나지를 못해 시간을 허비하는 경우도 많기 때문이다.

앞으로 넘어졌을 경우, 보드를 경사면에 수직으로 놓고 엎드린 채 무릎을 꿇어 보드 쪽으로 최대한 몸을 움츠린다. 그리고 두 손으로 설면을 짚고 상체를 밀어내듯이 무릎을 떼면서 일어난다.

뒤로 넘어졌을 경우, 역시 보드를 경사면에 수직으로 놓고 몸을 최대한 보드 쪽으로 끌어당긴다. 뒷발 쪽 손은 보드 중앙을 잡고, 앞발 쪽 손은 경사면을 짚고 밀어내며 일어난다. 이때 중심을 잘 잡아야 한다.

그날, 바비는 어느 정도 스노보드에 적응한 듯 제법 미끄러져 내려가기도 하였다. 그러나 브라보는 넘어지기와 일어나기만 하다가 하루해를 거의 다 보내고 말았다. 여전히 겁을 많이 먹은 모습을 떨쳐내지 못하고 있었던 것이다. 바비와 브라보는 그렇게 녹초가 된 채 숙소로 돌아왔다.

"어때, 스노보드도 재미있지?"

삼촌이 바비와 브라보에게 물었다.

"네, 재미있어요. 하지만 난 스키가 더 재미있는 것 같아요. 내일은 꼭 스키 타러 가는 거 잊지 않았죠, 삼촌?"

"브라보는?"

삼촌과 바비는 브라보를 바라보았다. 그러나 브라보는 쉽사리 대답을 하지 않았고 삼촌도 더 재촉하지 않았다.

다음 날 아침, 바비는 일어나자마자 스키 타러 가자고 졸랐다. 그러나 엄마와 아빠는 피곤하다며 오늘은 쉬겠다고 했다. 그러자 브라보까지 지쳤다며 쉬겠다는 것이 아닌가.

"좋아요. 오늘은 바비랑 저만 스키 타러 갔다 올게요. 여기 멋진 온천이 있다니까 온천에나 다녀오세요."

이렇게 삼촌과 바비는 엄마와 아빠, 브라보를 숙소에 남겨둔 채 스키장을 향했다.

"오늘 마지막 날이니 마음껏 스키를 타야지."

바비의 꿈은 야무져 보였다.

드디어 바비의 눈앞에 멋진 스키장이 펼쳐졌다. 바비와 삼촌은 리프트를 타고 올라가 슬로프를 타고 내려오기 시작했다. 그런데 오늘 따라 스키를 타러 온 사람들이 제법 북적대었다. 사람들에 치여 스키를 조심조심 타야 했다. 바비가 스키를 타고 내려오는데 아뿔싸, 바로 앞에 웬 여자애가 가로막고 있는 것이 아닌가. 바비는 급하게 정지하려 했으나 그만 그 여자애와 쾅 하고 충돌하고 말았다.

"아얏!"

여자애의 비명소리가 스키장에 울려 퍼졌다. 바비는 저도 모르게 "쓰미마센!"을 외쳐댔다. 그 여자애가 일본인인 줄 알고. 그런데 그 여자애가 이렇게 빈정거리는 게 아닌가.

"에이 재수 없어! 꼴통! 머저리! 스키도 탈 줄 모르는 게 뭐하러 스키장에 왔대."

그러면서 그 여자애는 침을 퉤 뱉고는 다른 곳으로 가 버리는 것이었다. 바비는 하도 어이가 없어 그 자리에 멍하니 서 있었다. 한참 동안이나.

'한국 여자애였다니!'

아마도 바비가 일본인인 줄 알고, 못 알아듣겠거니 생각하고 내뱉은 말이었을 것이다. 하지만 바비는 이미 그 말을 다 들어 버렸다. 바비는 피가 온통 거꾸로 솟는 것만 같았다. 귀까지 벌게졌다. 이윽고 정신을 차린 바비는 도저히 가만히 있을 수 없어 그 여자애를 찾았다. 마침 저쪽에 그 여자애가 보였다. 그런데…… 그 여자애는 마치 선수처럼 스키를 타고 있었다. 굉장히 멋지고 우아하게.

바비는 주눅이 들었는지 그 여자애에게 따지고 싶은 마음이 갑자기 싹 사라져 버렸다. 그때서야 삼촌이 바비에게 다가왔다.

"바비, 스키 재미있게 타고 있어?"

그러자 바비는 삼촌 얼굴을 뚫어져라 쳐다보았다.

"왜 그래 바비, 내 얼굴에 뭐 묻었어?"

바비는 갑자기 삼촌에게 다가가 팔을 붙들며 소리치기 시작했다.

"삼촌, 나 빨리 스키 잘 탈 수 있게 가르쳐 줘요. 빨리요, 빨리!"

삼촌은 어리둥절할 수밖에 없었다.

"갑자기 왜 그래?"

하지만 바비는 삼촌의 질문에는 대답도 하지 않고 계속 삼촌의 팔을 붙들고 애원했다.

"나도 저기 저 여자애처럼 스키 잘 탈 수 있게 빨리 스키 좀 가르쳐 달란 말예요!"

삼촌은 영문을 모르겠다는 표정으로 바비가 가리킨 곳을 쳐다보았다. 그리고는 이내 뭔가 눈치 챘다는 듯한 표정을 지었다.

"하지만 바비, 이제 스키장은 오늘이 마지막인데 어떡하지?"

"그건 상관없어요. 저도 스키 잘 탈 수 있게 빨리 가르쳐 달란 말예요!"

바비는 다짜고짜 삼촌을 조르기만 했다.

"아, 알겠어. 하지만 겨울까지 기다려야 해. 이곳도 7월 중순이면 눈이 다 녹아 문을 닫거든. 이번 겨울에 삼촌이 한국에 갈 예정이니 그때 확실히 알려줄게."

"에이, 그때까지 어떻게 기다려요!"

"헤헤, 시간은 금방 가. 대신 삼촌이 저 여자애보다 더 잘 탈 수 있게 해준다고 약속할게."

"정말이죠?"

그렇게 겨울이 오면 삼촌이 한국에 와서 바비에게 스키를 알려준다고 손가락을 걸고 약속한 후에야 바비는 겨우 진정될 수 있었다.

까르륵!
삼촌, 진짜로
왔네요.
물론이지.
이 삼촌은
반드시 약속을
지키는 사람이야!
암 그렇고말고!!
삼촌은 반드시
약속을 지키지.
역시
삼촌이에요.
근데 삼촌, 그때 꿔간
돈 갚는다고 약속한 건
어떻게 됐죠?
글쎄,
그, 그건!
맞아요, 삼촌은 역시
약속을 잘 지키는
분이세요!
하여튼 너 이번에
온 김에 우리 애들
스키 확실히
가르쳐 줘야 한다!
물론이죠. 대신
강습비는 제대로
쳐주셔야 해요.
아니 우리 사이에
웬 강습비?
암, 강습비는
확실히 줘야지!
버럭!

근데 아빠, 스키 배우는 김에 확실히 배우고 싶어요. 스키 장비도 다 사주세요.
헉! 그 비싼 스키 장비를!
맞아요. 제대로 배우려면 장비가 중요하죠.
어, 얼마 정도 하나요?
뭐, 질에 따라 천차만별이지만 스키 하나만 해도 백만 원……
그냥 대여로 쓰면 안 되나?
예! 배, 배, 백만 원!
좀 비싸긴 하지만 그래도 스키를 제대로 배우려면 장비를 사주는 게 좋아요.
맞아요. 삼촌 최고!
조, 좋다. 일단 내 친구가 스키점을 하니 거기 한번 가보자.
야호!
그때 말했던 기영이라는 친구야. 스키 감독 은퇴하고 지금은 스키점을 하고 있지.
애들아, 반갑구나!
꾸벅

우와, 진짜 만화에 나오는 기영이 닮았다!
정말, 신기하다!
오랜만입니다. 감독님.
와우! 이게 누구야!! 정말 반갑다!
아저씨가 진짜 검정고무신에 나오는 기영이 맞아요?
내가 만화에 나오는 주인공 닮았다고 이야기 많이 듣지, 허허허!
서, 설마 만화 주인공 기영이 아니죠?
허허, 그 기영이일 수도 있고 아닐 수도 있고!
아이구 빼기도 많이 뺐네. 그 기영이 맞다니까. 여기 머리 좀 봐. 만화에 나오는 기영이랑 비슷하잖아!
맞아?
형님 오셨어요.
앗, 만화에 나오는 기철 형이 늙은 모습이다!

녀석들, 궁금하긴 궁금한 모양이군. 그래, 검정고무신은 우리 어릴 때 이야기 맞다.
이럴 수가!
너희 아빠 엄마도 비슷한 어린 시절을 겪었을 거야. 그때 다 그랬거든.
암 그랬지, 그랬구 말구.
허허, 녀석들!
우와, 사인해 주세요.
형님, 분위기도 훈훈한데 빨리 애들 스키 장비 골라주세요.
그, 그래야지!
앗! 이건 내가 좋아하는 냥이 캐릭터잖아!
냥이 캐릭터?
네, 마블랜드에 나오는 유명한 캐릭터예요.
그래, 그걸로 사줘. 좀 비싸기는 하지만!
헉! 제대로 걸려들었군!

5

나도 멋진
스키어, 스노보더

바비, 스키에 도전하다

"일단 실력을 키우려면 매일 스키를 타는 게 중요한데 어떡한담, 비싼 스키장에 매일 갈 수도 없는 노릇이고……."

삼촌이 스키장 걱정을 하자 아빠가 눈알을 이러저리 굴리며 말했다.

"우리 동네에도 실내 스키장 있어!"

"정말요? 어떻게 이런 곳에!"

"이런 곳이라니! 여기가 어때서? 우리 동네 실내 스키장이 아마 우리나라에서 제일 클걸!"

삼촌은 무척 놀라는 눈치였다.

"와, 한국도 이제 스키가 완전히 대중적으로 자리 잡았나 봐요."

"물론이지, 아마 겨울철 레포츠로는 가장 인기 있는 종목일걸."

드디어 바비는 삼촌과 함께 동네에 있는 실내 스키장으로 들어섰다.

"와우! 생각보다 규모가 엄청나구나!"

삼촌은 연신 놀랍다는 듯 흥분을 감추지 못했다. 그렇게 바비와 삼촌은 스키 장비를 갖추고 스키장으로 들어섰다. 많은 사람들이 스키를 즐기기 위해 북적대었다.

"스키를 본격적으로 타려면 먼저 준비운동부터 배워야 해."

"웬 준비운동?"

"어떤 운동이든 그 운동을 하기 전에는 반드시 스트레칭을 해주어야 해. 스트레칭은 근육이 뭉치는 것을 방지해 주고 부드럽게 풀어주거든. 갑자기 쥐가 나는 것도 막아주고. 그러면 당연히 그 운동을 더 잘할 수 있게 되겠지. 스키 역시 마찬가지야."

바비는 삼촌을 따라 준비운동을 했다. 간단한 스트레칭을 하는가 싶더니 스키를 신고 한쪽 스키를 들어 올리는 등 스키를 착용한 채 하는 몇 가지 준비운동도 했다.

"잘했어. 앞으로 스키 연습할 때는 이렇게 준비운동을 꼭 하도록 한다. 알겠지?"

"옛 썰!"

"원래 이거 한 30분은 해야 하는데 시간이 없어서 간단하게 하는 거야. 어휴 여기도 비싸긴 마찬가지라서……."

삼촌은 혀를 끌끌 차며 말했다.

"오늘은 스키의 기본기술이라 할 수 있는 활주와 일명 턴이라고도 하는 방향 바꾸기, 그리고 오르기 등을 배우도록 하겠다."

"우와, 이제 본격적으로 스키를 배우는구나!"

"먼저, 걷기는 지난번에 배웠으니 두 발 모아 활주하기를 해보자. 이건 평지에서 앞으로 나아가는 방법으로 폴을 쥔 양팔을 앞으로 내밀어 스키 앞부분을 찍은 후, 힘을 주어 양 스키를 뒤로 밀어내면서 앞으로 나아가면 돼. 간단하지? 이때 중요한 건 앞으로 나아갈 때 무릎을 굽혀 주는 거야. 그래야 더 잘 나아갈 수 있거든. 한번 해봐."

바비는 삼촌이 시킨 대로 두 발 모아 활주하기를 해보았다. 바비가 탄 스키는 멋지게 눈 위를 미끄러져 나아갔다.

"와! 바비 잘한다."

삼촌은 연신 바비를 칭찬했다.

"이번에는 스키에서 가장 중요한 방향 바꾸기, 즉 턴에 대해 알아보자."

바비도 약간 긴장한 눈빛으로 변했다.

"스키를 타다 보면 당연히 방향을 바꿔야 할 때가 있겠지? 계속

한 방향으로만 갈 수는 없는 노릇이니까."

"당연히 그렇겠네요."

"그럴 때 턴 기술이 필요한 거야. 스키의 턴에는 제자리에서 도는 스타 턴체인지 스텝 턴과 발을 차올리며 180도 방향을 바꾸는 킥 턴이 있어."

바비는 메모까지 해가며 삼촌의 말 한마디 한마디에 신경을 썼다.

삼촌이 킥 턴의 시범을 보였다. 갑자기 발을 차올리는가 싶더니 순식간에 방향을 180도로 바꾸었다.

"와!"

바비가 낮은 탄성을 쏟아냈다.

"이제 바비가 직접 해봐."

바비는 삼촌이 하던 동작을 떠올리며 킥 턴을 해보였다.

"역시, 우리 바비 대단해! 한 번 보고 그대로 따라하다니."

정말 바비는 스키에 소질이 있는지 삼촌이 한 번만 가르쳐 줘도 척척 따라했다.

"이번엔 오르기에 대해 배우도록 하자. 스키를 타려면 높은 쪽으로 올라가야 하는데 일일이 리프트를 타기가 귀찮을 때도 있고 또 리프트가 없는 곳이 있을 수도 있어. 또 초보자는 얼마 동안 리프트를 사용할 수도 없거든. 그럴 때 오르기 기술이 필요한 거야."

"앗, 그러네요."

"오르기에는 옆으로 오르는 방법, V자로 오르는 방법, 대각선으로 오르는 방법 등 다양한 기술이 있지."

삼촌은 먼저 옆으로 오르기 기술을 선보였다. 그리고 스키를 V자 모양으로 만들어 오르기를 하는가 싶더니 대각선으로도 올라갔다. 바비도 삼촌을 따라 각각의 오르기 연습을 따라했다. 바비는 오르기 역시 그리 어렵지 않게 따라했다. 그런 바비를 보고 삼촌은 계속 칭찬해 대기 바빴다.

"바비는 분명 스키에 소질이 있어!"

스키, 배워볼까요?

스키의 방향 바꾸기

1. 스타 턴 Star turn

일명 제자리 돌기로 평지에서 방향을 바꿀 때 사용하는 방법이다. 처음 자세에서 스키 앞부분을 돌고자 하는 방향으로 한 스텝씩 이동하여 원하는 방향에서 정지하는 방법이다. 한 스텝씩 이동한다고 해서 스텝 턴이라고도 한다. 먼저 스키를 가지런히 한 후 한쪽 발을 한 발 정도의 보폭으로 옮기고 그 발에 체중을 실은 채 중심을 잡고 다른 발을 이동하여 스키를 가지런히 한다. 이런 방식으로 계속 조금씩 이동하여 원하는 방향에서 멈추면 된다.

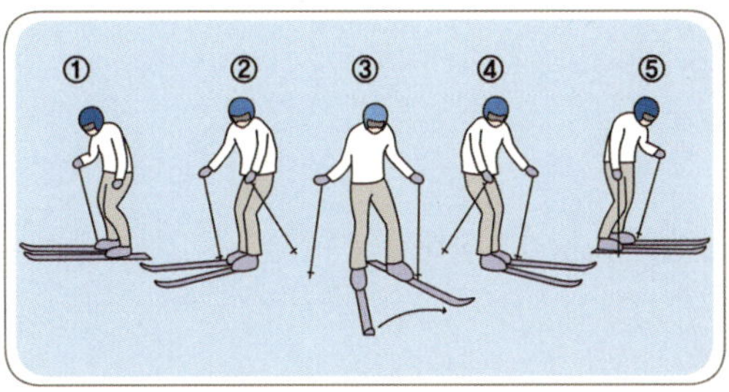

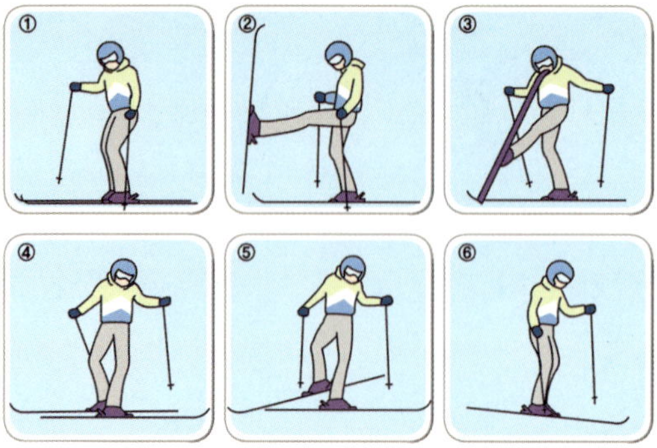

2. 킥 턴 Kick turn

평지나 경사면에서 방향을 180도 바꾸고자 할 때 사용하는 방법이다. 한쪽 스키를 앞으로 차듯이 들어 올렸다가 180도로 방향을 바꾸면서 내려놓는다. 그리고 방향을 바꾼 스키에 체중을 실은 다음 나머지 스키도 180도로 방향을 돌리며 스키를 가지런히 모으면 된다. 만약 경사면에서 킥 턴을 할 경우 경사면과 수직이 되게 스키를 놓은 후 산 아래쪽에 위치한 스키를 차올려 방향을 전환해야 한다는 점이 중요하다.

스키의 오르기 기술(등행)

1. 계단등행 옆으로 오르기

주로 급경사면을 오를 때 사용하는 방법으로 스키를 경사면과 수직이 되게 한 후 직각으로 한 발 한 발 올라가야 한다. 이때 산

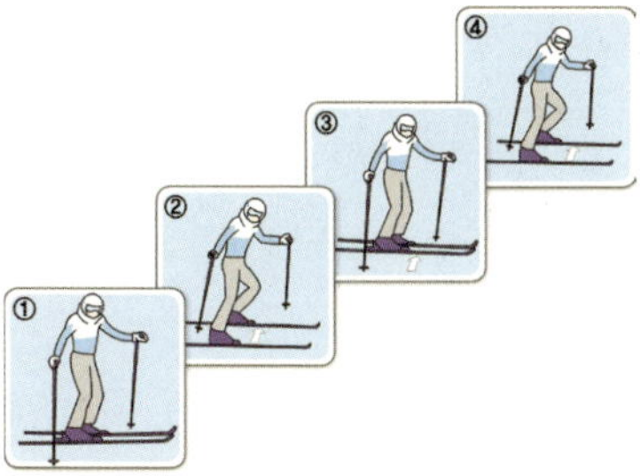

쪽으로 놓인 스키의 바깥쪽 에지에 강하게 힘을 주어야 미끄러지지 않고 올라갈 수 있다. 또한 아래에 놓인 폴로 바닥을 찍으며 올라가면 체력 소모를 줄일 수 있다. 초보자의 오르기 방법으로 적당하다.

2. 개각등행 V자 오르기

스키를 V자 모양으로 벌리고 올라가는 기술이다. 이때 중요한 것은 양 무릎을 안쪽으로 굽혀 스키의 안쪽 날을 세워서 올라가야 한다는 것이다. 그렇지 않으면 계속 미끄러져 낭패를 보게 된다. 계속해서 발에 힘을 주고 올라가야 하므로 비교적 체력 소모가 많은 기술이다. 짧은 거리를 이동할 때 사용하는 것이 바람직하다. 이때 폴을 잘 활용하면 그만큼 체력 소모를 줄일 수 있다.

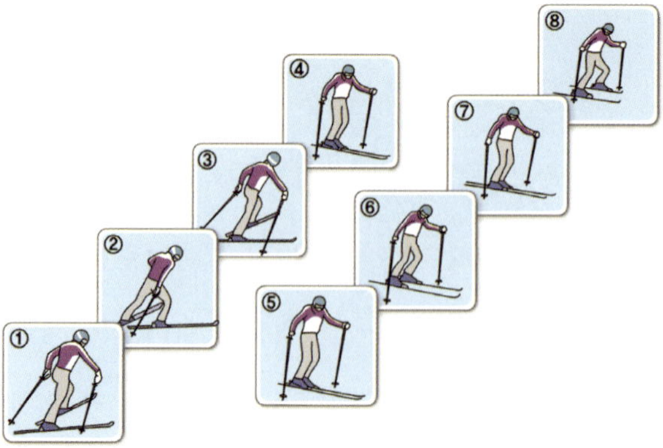

3. 사등행 대각선 오르기

경사면을 대각선으로 올라가는 방법으로 옆으로 오르기 기술을 사용하여 오른다. 대각선으로 오르기 때문에 그만큼 경사를 줄일 수 있다. 이때 턴 기술을 이용하여 방향을 바꾸어서 다시 옆으로 오르기를 할 수 있다.

"바비, 기쁜 소식이야."

어제 스키 연습을 너무 열심히 한 탓에 바비가 코까지 골며 정신없이 꿈나라에 빠져 있는데, 갑자기 삼촌의 찢어지는 듯한 소리가 바비의 단잠을 깨웠다.

"으음, 무슨 일이에요?"

바비는 눈을 뜨지도 못한 채 크게 하품을 하며 삼촌에게 물었다.

"이제 따로 스키장에 가지 않아도 돼. 우리만의 멋진 스키장이 생겼어."

바비는 아직도 꿈을 꾸는 듯했다.

"도대체 그게 무슨 말이에요?"

"실내 스키장은 사람이 너무 많기도 하고, 또 돈도 많이 들고…… 어쨌든 우리가 연습하기엔 불편한 게 한두 가지가 아냐."

"아함, 그건 그렇죠."

바비는 또 입이 찢어져라 하품을 해댔다.

"그래서 내가 친구에게 전화했더니 스키 연습하기 딱 좋은 곳이 있다잖아. 오늘은 그곳에 가서 연습한다. 알겠지?"

삼촌은 아침 일찍부터 다짜고짜 바비를 데리고 집을 나서는 것이었다. 바비는 영문도 모른 채 삼촌을 따라나섰다. 마침 밤새 눈이 내려 바깥은 온통 하얀 눈이 덮인 세상으로 변해 있었다. 바비가 삼촌과 함께 도착한 곳은 경기도 인근에 있는 한 야산이었다. 그곳에 스키를 탈 수 있는 멋진 장소가 있을 줄이야. 그곳에는 온통 눈으로 뒤덮인 완만한 경사면이 있었다. 그야말로 자연이 만들어낸 천연 스키장이었다. 그 천연 스키장에 웬 남자가 나타나 바비와 삼촌을 반겼다. 바로 삼촌 친구였다.

"안녕, 네가 바비구나. 반갑다."

삼촌 친구는 삼촌보다 훨씬 잘 생기고 키도 크고 근육질 몸매를 가진 사람으로 바비의 눈이 부실 지경이었다. 혹시 영화배우가 아닐까, 라는 생각이 들 정도였다.

"인사해, 삼촌 친구야."

"안녕하세요."

바비는 쑥스러운 표정으로 꾸벅 하고 인사했다.

"옛날 삼촌이 스키 탈 때 만났던 친구야. 지금은 스키 강사로 활약하고 있기도 하지."

"와, 그럼 스키 잘 타겠네요?"

"그야, 당근이지. 사실 삼촌이 한창 스키 탈 때는 나보다 좀 못 탔었는데……."

그러자 삼촌 친구가 씩 미소를 지으며 말했다.

"하하, 그건 사실이야. 그때는 네 삼촌을 따라올 사람이 없을 정도였지."

"정말요?"

바비는 삼촌이 다시 보였다.

"오늘은 특별히 삼촌 친구가 바비에게 스키를 가르쳐 준데."

갑작스러운 삼촌의 말에 바비는 가슴이 뛰었다. 잘못하면 어떡하지, 란 생각에 걱정하는 마음이 스치기도 했다.

"유명 스키 강사시니까 잘 가르쳐 줄 거야. 간만에 이 삼촌은 나만의 스키를 즐기고 있을 테니까."

그렇게 삼촌은 가 버리고 바비와 삼촌 친구만 남았다.

"삼촌이 그러는데 기초 기술은 배웠다면서?"

"네……."

삼촌 친구 앞에서 바비는, 그 활달하던 모습이 사라지고 쑥스러운 소녀의 모습만 남아 있는 듯했다.

"부끄러움이 많은가 보구나. 삼촌 친구니까 나도 그냥 삼촌이라고 불러, 알겠지?"

바비는 대답 대신 볼에 홍조를 띤 채 살짝 고개를 끄덕여 보였다.

"오늘은 본격적인 스키 기술을 가르쳐 줄게."

바비의 가슴이 다시 뛰기 시작했다.

"활강이라고 들어봤지?"

"네."

"오늘은 이 활강 기술 중 몇 가지를 익혀보도록 하자."

삼촌 친구와 바비는 눈으로 덮인 경사면 맨 꼭대기에 섰다.

"먼저, 활강 기술 중 가장 기본이 되는 게 직활강이야. 직활강이란 경사면을 똑바로 내려가는 동작을 말하지."

삼촌 친구는 직활강 기술의 시범을 보였다. 경사가 큰 곳에서 속도가 빨라지는데도 부드럽고 안정되게 스키를 타는 모습이 인상적이었다. 그리고 경사가 완만해지는 곳에서 부드럽게 속도를 줄이며 정지했다.

"바비도 나처럼 한번 타 봐!"

바비는 삼촌이랑 연습할 때와는 기분이 완전히 달랐다. 오로지 삼촌 친구에게 잘 보여야겠다는 생각으로 가득 차 있었다.

바비도 드디어 직활강 자세로 경사면을 타기 시작했다. 그런데 갑자기 경사가 완만해지는 곳에서 앞으로 꽈당 하고 넘어지고 말았다. 바비는 아픈 것보다 창피한 마음에 더 어쩔 줄 몰라 했다.

"저런, 바비 괜찮아?"

삼촌 친구가 바비를 걱정해 줬으나 바비는 쥐구멍이라도 있으면 숨고 싶은 심정이었다. 삼촌 친구가 바비에게 달려와 바비의 팔을 잡으며 일어나는 걸 도와주었다. 삼촌 친구의 손이 바비에

직활강 자세

게 닿자 바비는 더욱 가슴이 뛰었다.

"직활강에서 가장 중요한 건 균형을 유지하는 거야. 특히 경사도에 따라 속도가 달라질 때 균형을 잃기 쉬운데 이때 균형을 유지하는 요령을 터득해야 해. 네가 넘어진 것도 갑자기 경사가 완만해지면서 스키 앞부분에 힘이 실려 그랬던 거야."

"한 번 더 하면 잘할 수 있을 것 같아요."

바비가 처음으로 또렷이 말했다. 그러더니 바비는 오르기로 다시 위로 올라간 후 직활강을 하며 내려오기 시작했다. 이번에는 부드럽게 직활강에 성공하였다.

"와, 대단한데. 경사도가 달라지는 부분에서도 부드럽게 균형을 유지하며 잘 탔어!"

삼촌 친구는 박수를 치며 바비를 칭찬해 주었다. 바비는 그야말로 힘이 불끈 솟는 느낌이었다.

"이번에는 사활강을 배우도록 하자."

"사활강이요?"

"응, 이건 직활강 자세로 사선을 따라 경사면을 가로질러 내려오는 기술을 말해. 내가 시범을 보일 테니 잘 봐."

삼촌 친구는 이번에는 직활강 자세로 경사면을 45도 각도로 가로질러 내려가는 동작을 선보였다.

"멋져요."

바비는 저도 모르게 이렇게 소리쳤다.

"왜 이렇게 사선으로 내려가는 연습을 하는지 아니?"

바비가 골똘히 생각하다가 대답했다.

"혹시 회전 때문에……."

"와우! 맞았어. 바비 대단한데."

삼촌 친구의 칭찬에 바비는 그렇게 기분이 좋을 수 없었다.

"사활강은 모든 회전 기술의 기초가 되기 때문에 중요한 기술이야. 생각해 봐. 회전할 때 한 부분 한 부분이 바로 사활강이잖아."

"와, 그러네요."

"그리고 사활강은 또 다른 용도로도 사용해."

"어떤 용도요?"

“응, 매우 경사진 면을 직활강으로 내려온다고 생각해 봐. 가속이 붙어 아주 위험할 수 있지?”

“끔찍해!”

바비가 몸을 가볍게 떨었다.

“이때 사활강을 이용하면 속도를 조절하며 경사면을 안전하게 내려올 수 있지.”

“와, 사활강이 중요한 거네요.”

“그렇지, 사활강에서 중요한 건 양쪽 발에 가하는 힘이야. 균형을 유지하기 위해 산 아래쪽의 스키에 힘을 많이 줘야 해. 체중이 그쪽으로 쏠리니 당연한 거지. 그런데 초보자들은 산 위쪽 방향의 스키에 자꾸 힘을 주게 되는데, 그러면 원하는 방향으로 나아가지 못하고 조금씩 미끄러지지."

삼촌 친구가 가르쳐 준 대로 바비는 사활강을 따라해 보았다. 이번에도 균형을 잃지 않고 한 번에 동작을 해냈다. 그러더니 어느 정도 내려갔을 때 바비는 산 아래쪽 스키의 각도를 경사면과 90도 되게 틀어 정지하는 모습까지 보였다.

"와우! 대단한데 바비. 정말 처음 배우는 거 맞아? 이거 스키는 타고난 것 같아!"

삼촌 친구가 계속 칭찬을 했다. 바비는 어깨가 우쭐거림을 느꼈다. 삼촌 친구는 계속하여 일명 '사이드 슬리핑'이라 불리는 횡활강도 바비에게 가르쳐줬다.

횡활강은 그야말로 급경사면에서 스키를 경사면과 수직이 되게 한 후 스키의 옆면으로 경사면을 타고 내려오는 기술이었다. 바비는 횡활강을 할 때에는 에지를 사용하는 기술까지 배울 수 있었다. 바비가 횡활강마저 훌륭하게 소화해내자 삼촌 친구가 흥분한 목소리로 말했다.

"야, 그동안 내가 가르쳤던 사람 중에 최고야, 최고! 이렇게 쉽게 동작을 소화해내다니!"

"에이, 그냥 하는 말이죠?"

바비가 쑥스럽다는 듯이 말을 던졌다.

"아니, 정말이야. 바비 넌 이제 턴만 잘 배우면 제법 멋진 스키를 탈 수 있을 것 같아."

"정말요!"

바비는 다시 가슴이 뛰기 시작했다.

스키, 배워볼까요?

직활강

초보 스키어가 직활강을 잘할 수 있게 되면 그때부터 스키가 재미있어진다고 할 정도로 직활강은 스키에 있어 중요한 기술이다. 요령은 스키를 평행하게 벌리고 무릎을 약간 구부리고 몸을 앞으로 수그린 채 양발에 균등하게 힘을 줘 균형을 잡으며 앞으로 나아가면 된다. 이때 스키가 바닥에서 떨어지지 않도록 하는 것이 중요하다.

처음에는 경사가 일정한 면에서 연습하다가 경사가 변하는 구간에서도 연습을 해봐야 실력이 는다. 경사가 갑자기 변하면 공포감이 생기기도 하고, 속도 차이로 관성이 생겨 중심을 잃기 쉽다. 이러할 때에는 스키로 지면에 힘을 주며 다리를 굽히고 펴는 동작을 통해 균형을 유지할 수 있다.

갑자기 경사가 급해지는 구간으로 내려갈 때에는 가속이 붙기 때문에 순간적으로 몸을 앞으로 많이 구부려 중심을 낮춰줘야 한다. 그래야 몸이 뒤로 기울지 않은 상태에서 직활강을 할 수 있게 된다.

그러다가 경사가 다시 완만해지는 구간에 들어서면 반대로 순간적으로 몸을 펴주어 스키 앞부분에 실린 하중을 줄여줘야 한다. 그렇지 않으면 앞으로 넘어질 수 있다.

사활강

사활강은 경사면과 이루는 각도에 따라 속도를 조절할 수 있다. 즉, 경사면과 이루는 각이 클수록 스키의 속도가 느려지고 각이 작을수록 스키의 속도가 빨라진다. 이를 잘 활용하면 경사면에서 속도를 조절하며 내려올 수 있는 활강법이 될 수 있다.

사활강을 타다가 정지할 때에 플루그 자세를 이용하면 효과적으로 정지할 수 있다. 플루그 자세란 정지할 때나 감속할 때, 또는 방향을 전환할 때 이용되는 기술로 무릎을 안쪽으로 기울이면서 스키를 V자 모양으로 만드는 것을 말한다. 이때 각도를 크게 하고 에지를 많이 세울수록 속도가 더 많이 감속한다.

플루그 자세

사활강에서 정지하는 방법은, 먼저 계곡 쪽 스키의 뒷부분을 약간 벌려 반 플루그 자세를 취하고, 산 쪽 스키를 계곡 쪽 스키 옆으로 평행하게 옮기는 동작을 스키가 경사면과 수직이 될 때까지 연속적으로 취하면 된다.

횡활강(사이드 슬리핑)

슬로프가 좁거나 경사가 매우 급할 때에는 사활강도 쉽지 않을 때가 있다. 이때에는 횡활강이 사용된다. 즉, 경사면에 수직이 되도록 스키를 나란히 놓은 채 미끄러져 내려가는 기술이다.

횡활강을 할 때 주의할 것은 계곡 쪽 스키의 에지에 너무 힘을 가하면 안 된다는 것이다. 이러면 계곡 쪽에 걸려 넘어지기 쉽다. 따라서 계곡 쪽 스키의 에지에 힘을 풀고 산 쪽 스키의 에지를 잘 조절하여 내려오면 균형을 잡을 수 있다.

플루그 화렌

플루그 화렌이란 경사가 완만한 곳에서 V자형 플루그 자세로 스키 뒷부분을 벌렸다 좁혔다를 반복하고 에지의 강약을 조절하며 내려오는 동작을 말한다. 이때 스키 뒷부분을 많이 벌리고 에지를 강하게 세우면 속도가 느려지고, 스키 뒷부분을 좁히고 에지를 약하게 하면 속도가 빨라진다.

다음 날, 바비는 삼촌 친구에게 하루 더 스키를 가르쳐 주겠다는 연락을 받았다. 처음에는 하루만 특별 지도하기로 했으나 삼촌 친구가 나서서 하루 더 바비에게 스키를 가르쳐 주겠다고 나선 것이다. 바비는 그 소식을 듣자 하늘을 날듯이 뛰며 기뻐했다. 그러자 삼촌이 바비를 놀렸다.

"너 혹시 내 친구 좋아하는 거 아냐?"

그러자 바비는 목까지 벌게진 채 절대 아니라며 삼촌의 입을 막으러 쿵쿵 뛰어다녔다.

드디어 다시 삼촌 친구와 만난 바비. 고글을 낀 삼촌 친구의 모습은 더욱 멋져 보였다.

"오늘은 스키 기술의 꽃이라 할 수 있는 턴에 대해 배우도록 해."

"야!"

바비는 자기도 모르게 낮은 탄성을 질렀다.

"스키의 턴 기술에는 여러 가지가 있는데 바비에게는 그중 두 가지를 가르쳐 주도록 할게. 워낙 잘하니까 아마 가능할 거야."

바비는 추운 겨울인데도 손에 땀이 배이기 시작했다.

"첫 번째 배울 것은 플루그 보겐이라고 불리는 턴이야."

"플루그 보겐?"

"스키가 외국에서 들어온 거다 보니 적당한 우리말이 없어서……."

바비가 잘 못 알아듣는 눈치를 보이자 삼촌 친구가 덧붙였다.

"플루그란 스키를 V자 모양으로 취한 자세를 말하는데 이 자세로 경사면을 회전하여 내려오는 것을 플루그 보겐이라고 하지."

"……."

"이건 스키를 회전하는 기본적 방법이고 모든 턴의 기초가 되는 것이니 잘 봐."

삼촌 친구는 플루그 보겐의 시범을 보였다. 부드럽게 경사면을 내려가는가 싶더니 오른쪽과 왼쪽으로 큰 반원을 그리며 회전하는 기술을 펼쳐 보였다.

"나도 저렇게 타고 싶어!"

바비는 얼른 해보고 싶어 안달이 났다. 그러나 삼촌 친구가 기본 지식을 알고 타는 게 중요하다며 바비에게 비법을 가르쳐 주었다.

"플루그 보겐의 회전 원리는 회전하려는 방향의 반대쪽 스키 안쪽 에지에 하중을 실으면서 스키 뒷부분을 바깥쪽으로 더 벌려주면 자연스럽게 회전한다는 거야. 이때 무릎과 발목을 잘 이용하는 게 중요해. 아마 한 번에 잘되지 않을 거야."

"잘할 수 있을 것 같은데……."

바비는 자신감 있게 플루그 보겐에 도전했다. 하지만 생각보다 스키를 타고 회전하는 게 쉽지 않았다. 바비는 결국 넘어지고 말았다. 하지만 그때 삼촌에게 배운 넘어지는 요령을 떠올리며 넘어졌다. 그래서인지 크게 아프지 않았다.

"와, 바비. 넘어지는 것도 멋진데."

바비는 씩 웃어보였다.

"사실 플루그 보겐의 회전에는 과학적 원리가 숨어 있어."

"그래요?"

"직활강보다 플루그 자세를 취하면 스키의 각도 때문에 속도가 더 느려지게 되거든. 그건 스키 뒷부분을 넓히면 스키와 눈 사이의 마찰력이 더 커져 그런 거야. 그런데 플루그 보겐처럼 한쪽 스키의 뒷부분만 많이 넓히면 그쪽의 마찰력이 더 커지게 되잖아."

"맞아요. 그렇겠네요."

"그러면 그쪽의 속도가 줄게 되고 반대쪽은 빠르게 되니 자연히 속도가 느린 쪽으로 회전하게 되지."

"와, 그런 비밀이 있었네요."

"또 한 가지가 있어. 보통 턴을 할 때는 한쪽 스키에 체중을 옮기면서 스키의 바깥쪽을 들어주고 안쪽만 설면에 닿게 에지를 가하는 게 기본이잖아.”

“그렇죠.”

“이때 스키의 가운데 위로 볼록하게 솟은 부분인 캠버가 눌리면서 아래쪽으로 휘어져 동그란 곡선 형태가 돼. 이 곡선 형태의 휘어짐 때문에 스키는 곧바로 나아가지 않고 방향을 바꾸게 되지.”

“흠, 이건 알듯 말듯 한대요.”

“어쨌든 이걸 염두에 두고 다시 플루그 보겐 연습을 해봐.”

바비는 다시 플루그 보겐을 시도하였다. 이번에는 제법 그럴듯하게 회전하는 데 성공하였다.

바비가 플루그 보겐에 조금 익숙해졌을 무렵, 삼촌 친구는 이번엔 새 기술을 알려주겠다며 슈템 턴을 선보였다.

“이건 사활강으로 내려오다 플루그 보겐으로 회전한 후 다시 사활강을 하는 거네요.”

삼촌 친구는 바비의 영특함에 입을 다물지 못했다.

“이건, 완전 천재다, 천재!”

바비는 그쯤이야, 라는 표정으로 우쭐해 보였다.

“회전의 과학적 원리를 알고 나니 스키를 타는 게 더 쉬운 것 같아요. 제가 과학은 조금 하거든요.”

“하하, 어서 슈템 턴도 연습해 봐.”

바비는 삼촌 친구의 지도를 받으며 슈템 턴 연습을 하기 시작했다. 생각보다 쉽지 않았으나 삼촌 친구의 도움으로 바비는 연습을 훌륭히 해낼 수 있었다.

"이 외에도 패럴렐 턴이라는 게 있어."

"패럴렐 턴요?"

"응, 스키의 턴 기술 중 고급에 속하는 거지."

"윽, 고급 기술이요."

"그래, 이건 힘을 적게 들이고 빨리 회전할 수 있는 방법이기 때문에 대부분의 스키어들이 이 턴을 잘하는 게 목표일 정도지."

"우와, 나도 빨리 배우고 싶다."

"하하, 일단 슈템 턴을 완전히 익힌 후에 배우는 게 좋아."

"알겠어요. 이제 내일부터 턴을 완전히 익히고 본격적으로 스키를 타볼래요."

그때 삼촌이 웬 신문을 들고 달려왔다.

"야, 희소식이다, 희소식!"

"뭔데요?"

바비와 삼촌 친구는 삼촌이 들고 온 신문을 쳐다봤다.

"이번에 평창올림픽 유치 기념으로 평창에서 전국 아마추어 어린이 스키 대회가 열린대, 글쎄."

삼촌의 말을 들은 바비는 가슴이 뛰기 시작했다.

'평창에서 열리는 스키 대회라, 기가 막힌대!'

바비는 그 대회에 꼭 한번 참가해 보고 싶다는 생각이 들었다. 바로 그때 삼촌 친구가 이렇게 말하고 나서는 게 아닌가.

"바비, 너 그냥 스키 타는 것보다 이 대회를 목표로 열심히 해보는 건 어때?"

"좋아요!"

바비는 펄쩍펄쩍 뛰며 좋아했다. 잘못하면 삼촌 친구에게 달려가 안길 뻔할 정도로.

스키, 배워볼까요?

플루그 턴과 슈템 턴

플루그 보겐이 어느 정도 완성되면 다음 단계로 슈템 턴과 플루그 턴을 연습하게 된다.

슈템 턴은 사활강을 하며 내려오다가 회전하려는 부분에서 바깥쪽 스키를 벌린 후 그쪽으로 체중을 실어 회전한 후 다시 발을 모아 평행하게 만들어 다시 사활강을 하는 방법이다.

반면, 플루그 턴은 슈템 턴과 모양은 비슷하지만, 안쪽 발에도 체중이 실린다는 점에서 차이가 있다. 즉, 플루그 턴은 발을 의식적으로 벌리고 붙이는 것이 아니라, 안쪽 스키의 에지 각도를 바

플루그 턴

슈템 턴

깥쪽 스키의 에지 각도와 점차 비슷하게 만들어 가는 방식을 사용한다. 스피드 면에서나 페럴렐 턴으로 가기 위해서도 슈템 턴보다 플루그 턴이 더 유리한 것으로 알려져 있다. 그렇다고 슈템 턴이 중요하지 않다는 것은 아니다. 스키에서는 바깥쪽 다리로 균형을 유지하며 스키를 타야 하는 경우가 많은데 이를 훈련하기에 슈템 턴은 아주 좋은 회전 방법이다.

패럴렐 턴

모든 스키어들이 꿈꾸는 고급 턴 기술이다. 그것은 패럴렐 턴이 힘이 덜 들고 폼도 멋지고 어떠한 지형에서도 사용이 가능하기 때문이다. 이러한 패럴렐 턴의 특징은 이름에서도 알 수 있듯이 다른 턴처럼 스키를 벌리거나 하지 않고 평행하게 유지한 상태에서 멋지게 턴을 한다는 점이다.

패럴렐 턴

이러한 패럴렐 턴의 회전 원리는 체중 이동에 있다. 즉 몸의 무게중심을 조절해 그때 생기는 힘의 차이를 이용하여 회전한다. 좀 더 구체적으로 설명하면 회전하려는 원의 바깥쪽 스키에 체중을 싣고 안쪽 스키는 설면에 스치듯이 보조를 맞추는 식으로 회전한다. 그리고 계속 이런 식으로 무게 이동을 하면서 회전하면 된다.

스케이팅 턴(Skating turn)

두 스키의 앞을 벌려서 스케이팅 하며 추진력을 얻는 기술로 경사가 완만한 곳이나 평지에서 추진력을 쉽게 만들어내기 어렵다는 스키의 단점을 보완할 수 있다. 이것은 추진력을 만들어낼 수 있는 유일한 턴이라는 점에서 의미가 있다.

쇼트 턴

회전 반경을 짧게 하여 경사면을 연속적으로 회전하며 내려오는 기술을 말한다. 턴 방식은 패럴렐 턴을 기본으로 하며 이 패럴렐 턴이 진화한 것이 쇼트 턴이다.

브라보, 스노보더 되다!

한편, 삼촌은 아빠를 조르고 있었다.

"형님, 일단 브라보도 스노보드 장비를 사줘 버리세요."

"흠, 그것도 비쌀 텐데……."

"에이, 지금 돈이 중요해요? 브라보를 위해 꼭 필요한 일이에요. 그리고 그때 그 친구 분 집에서 사면 싸게 해줄 거예요."

"그럴까?"

그날 오후 학원에 갔다 온 브라보는 팔꿈치에 상처가 있었다. 엄마가 깜짝 놀라 소리쳤다.

"아니, 이게 무슨 일이야?"

그러나 브라보는 입을 굳게 다문 채 말이 없었다. 대신 브라보의 얼굴은 잔뜩 찡그려져 있었다.

엄마는 더 다그치지 않고 조용히 바비를 불렀다.

"학원에서 무슨 일이 있었는지 솔직히 말해 봐."

그러나 바비도 망설이는 눈치였다.

"혹시 브라보를 괴롭힌다는 걔가……."

그제야 바비가 고개를 살짝 끄덕였다.

"근데 왜 팔꿈치가 까졌을까?"

"샤크가 브라보를 밀쳐 버렸거든!"

"뭐, 뭐라고! 저런 나쁜…… 근데 왜 밀친 거야?"

"그건 나도 몰라, 하지만 매일 저렇게 당하는걸, 뭐!"

"정말 나쁜 애구나. 안 되겠다. 학원에 가서 말해야지."

엄마의 말을 들었는지 브라보가 달려왔다.

"절대 학원에 말하면 안 돼, 그럼 나 학원 안 갈 거야!"

브라보도 오늘은 화가 많이 난 모양이었다.

그때 마침 아빠가 퇴근하고 돌아왔다. 엄마는 아빠에게 종알종알 브라보의 이야기를 다해 주었다. 그러자 아빠는 엄청 흥분하며 화를 내더니 당장 브라보를 불렀다.

"쯧쯧, 사내 녀석이 계집애같이 겁이 많아 가지고는…… 에이 꼴도 보기 싫어!"

아빠의 말에 브라보는 눈물이 왈칵 솟구쳤다. 브라보는 자기 방으로 달려가 침대에 얼굴을 묻고 엉엉 울었다.

밖에서는 엄마가 애한테 그런 심한 말을 하냐며 아빠와 싸우는 소리가 들렸다. 그렇게 브라보가 한참 서럽게 울고 있는데 삼촌이 들어왔다.

"브라보, 울지 마!"

삼촌의 위로에 브라보는 조금 마음이 풀리는 듯했다.

"브라보, 삼촌이랑 함께 샤크를 이길 방법을 연구해 보자."

삼촌의 말에 브라보는 귀가 솔깃했다.

"걔는 덩치도 크고, 쌈도 잘하고……."

그러자 삼촌이 브라보에게 자신감을 심어주기 시작했다.

"사실 나도 얼마 전까지 겁이 많고 용기가 없었어. 그런데 스노보드를 타면서 다시 자신감을 갖게 되었지. 중요한 건 자신감, 용기 이런 것들이야. 이것만 있으면 샤크 따위는 하나도 무섭지 않게 되지."

"자신감? 용기?"

"그래, 요즘 아이들은 공부만 하다 보니 이런 것들이 많이 부족한 것 같아. 밖에 나가 뛰놀기도 하고 부딪쳐 보기도 하고…… 그래야 하는데……."

브라보가 갑자기 입술을 굳게 깨물었다.

"좋아요, 삼촌! 당장 스노보드를 배우겠어요."

브라보의 말에 삼촌은 깜짝 놀랐다.

"아니, 꼭…… 뭐…… 스노보드를 배우란 말은 아닌데……."

"아녜요, 삼촌이 스노보드를 타면 그게 생긴다고 했잖아요."

"그건 그렇지."

삼촌은 마치 덫에 걸린 생쥐를 다루는 듯한 표정으로 대답했다.

"좋아 브라보, 당장 스노보드 타러 가자고. 삼촌이 가르쳐 줄 테니까."

"하지만 어디서 타죠? 그리고 장비는?"

"히히, 그건 걱정 마. 우리만의 전용 스노보드장이 있으니까. 바비도 거기서 스키 연습하는걸!"

"정말요?"

"그럼, 그리고 마침 나한테 어린이용 스노보드 장비가 있으니 장비 걱정일랑 말고."

"좋아요, 그럼 당장 내일부터 스노보드 타러 가요!"

브라보는 이렇게 큰소리쳤지만 한편으론 아직 걱정스러운 마음이 많이 남아 있었다.

드디어 다음 날, 브라보는 학원을 마치자마자 삼촌과 함께 스노보드를 타러 갔다. 그곳은 바비가 스키 연습을 하고 있던 바로 그 전용 스키장이었다.

"와! 이런 곳이 있었네요."

"하하, 비용도 아끼고 좋잖아."

"그보다 다른 사람이 없으니 좋아요. 우리끼리만 있으니까 부끄러워할 필요도 없고……."

"녀석!"

삼촌은 브라보와 함께 스노보드 장비를 착용하였다. 전에 배워두었던 것이 큰 도움이 되었다.

"브라보, 까먹지 않고 있었구나."

"사실 무서워서 못 탔던 거지, 저 스노보드 엄청 좋아해요. 완전 숀 화이트 팬이라구요."

"오! 숀 화이트. 11살 때 스노보드 타던 동영상은 단연 압권이지!"

"앗! 저보다 어릴 때잖아요."

삼촌은 당장 스마트폰으로 동영상을 검색해 숀 화이트의 11살 때 모습을 보여주었다. 11살의 숀 화이트는 무시무시한 산악지대를 마치 게임하듯 스노보드 한 장을 타고 날아다녔다.

"우와! 정말 대단해요, 완전히 인간이 아닌 것 같아요!"

브라보는 흥분하였다.

"뭐, 이 정도는 아니더라도 우리 스노보드 멋지게 타보자고."

"알겠어요."

이제 브라보도 겁을 내며 뒤로 빼기보다 억지로라도 자신감 있게 말하려 애쓰는 모습이 보였다.

"자, 이제 본격적으로 스노보드를 배워볼까."

브라보는 약간 긴장된 표정으로 입술을 굳게 다물었다.

"스노보드는 온몸을 사용하는 스포츠이기 때문에 반드시 준비운동으로 스트레칭을 해야 해. 그리고 끝나고도 근육을 풀어주는 스트레칭을 해줘야 하고. 그렇지 않으면 다음 날 심한 근육통이 생길지도 몰라."

브라보는 삼촌을 따라 간단한 스트레칭으로 몸을 풀었다. 등, 허리, 옆구리, 무릎 순으로 스트레칭을 했고 손목, 발목, 목, 팔꿈치 등도 스트레칭으로 풀어주었다. 삼촌을 따라 스트레칭을 하고 나니 왠지 몸이 가벼워지는 것 같았다. 하지만 스키를 타려고 하니 지레 겁부터 덜컥 났다.

"브라보 아직 두려운가 보구나?"

"이상하게 스노보드를 타려고만 하면 가슴이 떨려요."

"사실 초보 스노보드에게 있어 제일 무서운 적은 겁이라고 할 수 있어. 그래서 이걸 극복하지 못하는 사람들은 한두 번 타고 더 타지 않게 돼. 겁은 스노보드를 타려는 사람에게 있어 반드시 떨쳐 버려야 하는 것이야."

"나만 그런 줄 알았더니…… 그런데 겁을 어떻게 이겨내야 해요?"

"삼촌은 이미지 트레이닝으로 극복했지."

"이미지 트레이닝?"

"응, 상상으로 연습하는 장면을 머릿속에 그려보는 걸 말해. 실제로 박찬호 선수도 메이저리그에 처음 갔을 때 이미지 트레이닝으로 도움을 많이 받았다고 할 정도로 실제 도움이 되는 방법이야. 특히 실전에 대한 두려움을 없애는 데 큰 도움이 되지."

브라보는 삼촌을 따라 편안한 자세를 취한 채 자신이 스노보드를 타는 장면을 그려보았다.

상상 속의 브라보는 제법 스노보드를 잘 타고 있었다. 그렇게 한참 동안 이미지 트레이닝을 하고 나자 정말 자신감이 생기는 것 같았다.

"앞으로 스노보드를 탈 때는 반드시 준비운동과 이미지 트레이닝을 하도록 하자."

"네, 정말 좋은 것 같아요."

"자, 이제 본격적으로 스노보드를 타보자구!"

삼촌은 스노보드 기본자세를 잡은 채 말했다.

"그때 가르쳐 준 스노보드의 기본자세 생각나? 스노보드를 잘 타기 위한 첫 번째 단계가 늘 이 기본자세를 잘 유지하는 거야."

브라보는 삼촌을 따라 스노보드 기본자세를 잡아보았다.

"기본자세는 스노보드를 타는 내내 중요하니 늘 기본자세에서 어긋나고 있지 않은지 확인해 봐야 해. 방법은 늘 마음속으로 기본자세를 외치는 거야."

브라보는 열심히 기본자세 잡기 연습을 해보았다.

"잘했어, 브라보! 이제 워킹과 스케이팅 동작을 연습해 보자. 이 동작은 한 발만 착용하고 평지를 이동하거나 리프트까지 이동하는 데 아주 중요한 기술이야."

삼촌은 한 발만 스노보드에 바인딩한 채 나머지 발로 걸으면서 스노보드를 미는 동작을 해보였다.

"와! 그렇게 하니까 쉽게 이동이 되네요."

"응, 이때 중요한 게 보드를 착용하지 않은 발을 바인딩한 발 뒤편에 대고 밀면서 그 힘으로 보드를 나아가게 한다는 점이야. 그리고 이때에도 반드시 기본자세를 유지해야 해."

브라보는 삼촌을 따라 워킹과 스케이팅 동작을 해보았다. 생각보다는 곧잘 따라할 수 있었다.

"아주 잘했어. 그 워킹 동작으로 스케이팅을 하다 보면 자연히 보드의 속도가 빨라지잖아. 그럴 땐 바인딩하지 않은 발을 들어 보드의 뒤 바인딩 앞에 밀착시키고 그대로 보드를 미끄러져 타면 돼. 이걸 스트레이트 워킹이라고 하지."

"와! 재밌어요."

브라보는 스트레이트 워킹 동작을 하며 자신도 모르게 소리쳤다.

"하하, 이제 스노보드를 타는 것 같으니까 그렇지. 하지만 여긴 평지야. 이제 본격적으로 슬로프, 즉 경사면에서 타는 연습을 해야 해!"

삼촌의 말에 브라보는 눈에 힘이 잔뜩 들어갔다.

"이번엔 경사면 오르기 기술을 해보자. 리프트가 없는 곳에서는 오르기 기술로 올라가야 하거든."

삼촌은 보드를 슬로프의 경사면과 수평이 되게 하더니 걸어서 올라가는 기술을 해보였다.

워킹

스트레이트 워킹

오르기 기술

"이때 중요한 것은 보드를 경사면의 각도와 90도가 되게 세우면서 그 힘으로 받쳐주며 올라가야 한다는 거야."

브라보는 삼촌을 따라 오르기 기술도 어렵지 않게 해낼 수 있었다.

"이번에는 경사면을 달리다가 서는 법을 배워보자."

"맞아요. 서는 법이 중요할 것 같아요."

"당연하지. 이걸 모르면 앞 사람과 그대로 충돌하는 거야. 자동차에 브레이크가 없다고 생각해 봐."

브라보는 갑자기 몸이 파르르 떨렸다.

"서는 기술을 스노보드에서는 드래그라고 해. 마우스를 드래그한다고 하잖아. 그것처럼 끌면서 스노보드를 서게 한다고 붙여진 이름이야."

삼촌은 그렇게 말한 후 드래그 기술을 선보였다. 바인딩하지 않

토우 드래그

힐 드래그

은 쪽 발의 앞부분을 반 정도 밀어내 눈과 마찰시키며 서는 방법과 바인딩하지 않은 쪽 발의 뒷부분을 반 정도 밀어내 눈과 마찰시키며 서는 방법 두 가지였다.

"앞부분 발을 밀어내 서는 법을 토우 드래그, 뒷부분 발을 밀어내 서는 법을 힐 드래그라고 해."

"온통 용어가 다 영어로 돼 있나 봐요?"

"물론이지, 스노보드 자체가 미국에서 들어온 거니까. 여하튼 중요한 것은 오르기를 하거나 서기를 할 때에도 늘 기본자세를 유지하는 것이야. 스노보드를 탈 때는 항상 마음속으로 기본자세를 외쳐, 그게 제일 좋은 방법이야."

브라보는 이제 서는 기술까지 배웠다.

"이제 본격적으로 사이드 슬리핑 기술을 배워보도록 하자."

힐 사이드 슬리핑

토우 사이드 슬리핑

"슬리핑이요?"

"그래, 눈으로 덮인 경사면을 슬로프라고 하는 건 알지?"

"네."

"그 슬로프 위를 달리는 것을 라이딩이라고 하는데 사이드 슬리핑은 라이딩의 기본이 되는 동작이라 할 수 있지."

슬로프를 달린다는 말에 브라보는 가슴이 뛰었다. 삼촌은 경사면에 보드를 수직이 되게 한 후 보드를 타고 천천히 경사면을 미끄러져가는 동작을 선보였다.

"방금 내가 앞으로 내려가는 동작을 했지. 그렇게 앞으로 내려가는 것을 힐 사이드 슬리핑이라 해. 그리고 뒤로 내려가는 것도 있는데 그걸 토우 사이드 슬리핑이라고 하지."

삼촌은 등을 지고 뒤로 내려가는 사이드 슬리핑 동작도 해보였다.

"요령은 아주 간단해. 반드시 양발에 똑같이 힘을 주는 게 중요하고…… 힐 사이드 슬리핑의 경우 처음 양발 뒤에 무게중심을 두고 있다가. 그러면 앞쪽 보드가 들리겠지? 이 앞쪽 보드를 살짝 앞으로 내리면 보드가 내려가기 시작해. 그렇게 내려가다가 서고 싶으면 발 앞쪽을 다시 살짝 들어주면 돼."

브라보는 삼촌의 말대로 힐 사이드 슬리핑 동작을 해보았다. 정말 보드가 설면을 따라 내려가는가 싶더니 다시 서는 게 아닌가.

"아주 재미있어요!"

브라보가 자기도 모르게 소리쳤다. 그러자 삼촌이 씩 웃어보였다.

"사이드 슬리핑을 할 때 중요한 건 항상 양발에 힘을 고르게 줘야 하는 것하고, 가고자 하는 방향을 바라보는 거야. 바로 기본자세를 유지하는 거지."

브라보는 삼촌을 따라 이번엔 토우 사이드 슬리핑 동작도 해보았다.

스노보드의 기본 기술 정리

1. 워킹 앤 스케이팅

앞발만 바인딩에 장착하고 뒷발로 설면을 차면서 이 추진력으로 보드를 타는 기술을 말한다. 이때 중요한 것은 앞발에 무게중심을 실어 타야 하고 스노보드의 기본자세를 유지하면서 시선은 가고자 하는 방향에 두는 것이다. 좀처럼 나아가지 않는 느낌이 들 수도 있는데 이는 기본자세나 시선 처리에 문제가 있기 때문일 가능성이 높다. 또한 초보자가 범하기 쉬운 실수 중의 하나가 무게중심을 앞발에 두지 않고 종종걸음만 하는 경우이다. 반드시 무게중심을 앞발에 두고 타야 앞으로 쉽게 나아갈 수 있다.

2. 방향 전환하기

스노보드는 스키와 달리 그냥 선 상태로 앞뒤 방향을 전환하는 것이 불가능하다. 그 이유는 양발이 고정되어 있기 때문이다. 따라서 몸을 굴려 방향을 전환하는 방법을 사용해야 한다. 프런트사이드일 때에는 무릎을 바닥에 댄 상태에서 엎드린 채 몸을 180도 돌리면서 일어나면 되며, 백사이드일 때에는 주저앉은 채 누우며 몸을 180도 돌려 일어나면 된다. 이러한 방향 전환하기 연습은 다른 스노보더들에게 피해를 주지 않기 위해 반드시 사람이 없는 곳에서 실시해야 한다.

3. 스트레이트 워킹

스케이팅에 속도가 붙으면 뒷발을 보드 위에 올려놓고 타는 방법이다. 약간의 경사면에서 이 기술을 쓸 수 있는데 이때 보드는 폴라인경사면과 나란한 방향과 나란한 방향이어야 한다. 이렇게 내려가다가 정지하고자 할 때에는 뒷발에 서서히 힘을 주고 보드를 앞으로 밀어내 보드가 가로 방향이 되도록 한다. 보드가 완전히 가로 방향이 되면 자세를 낮추어 양발 뒤꿈치의 에지 부분에 힘을 주어 멈추면 된다. 이는 리프트에서 내릴 때에도 사용할 수 있는 기술이기 때문에 잘 익혀두도록 한다.

4. 리프트 타고 내리기

초보자가 리프트를 탈 때 실수하기 쉬운 것이 바인딩에 비쭉 솟아 있는 하이백을 접지 않고 타는 것이다. 이 하이백을 접지 않고 타면 리프트에 걸리기 쉬우므로 반드시 하이백을 접고 리프트를 타도록 한다.

그리고 한쪽 바인딩만 고정한 채 리프트를 타도록 하며 앉은 후에는 보드의 앞부분을 조금 들어 올려 설면에 닿지 않도록 한다.

리프트에서 내릴 때 잘못하면 미끄러지기 쉬우므로 뒤꿈치 에지를 이용하도록 한다. 보드의 앞부분이 설면을 향하도록 미리 준비한 다음 리프트가 서면, 뒷발을 보드 위에 올리면서 그대로 천천히 미끄러져 내려가면 된다.

5. 사이드 슬리핑

보드를 설면에 가로로 놓고 미끄러져 내려가는 방법이다. 내려가는 원리는 에지날을 이용하는 것으로 에지를 걸면 멈추고 에지를 풀면 내려가는 방식이다. 말은 쉬우나 초보자는 에지를 사용하는 기술이 익숙해질 때까지 애를 먹게 된다. 에지 기술을 익히는 데 가장 좋은 방법은 역시 스노보드의 기본자세를 잘 유지하는 것이다. 기본자세는 균형을 잘 유지하기 위한 것이기 때문이다. 기본자세가 흐트러지는 순간예를 들어 초보자의 경우 엉덩이가 뒤로 빠지는 경우가 많음 사이드 슬리핑은 어려운 것이 되고 만다.

사이드 슬리핑에는 앞쪽을 보고 내려가는 백 사이드 슬리핑힐 사이드 슬리핑과 등을 지고 내려가는 프런트 사이드 슬리핑토우 사이드 슬리핑이 있다. 스노보드 용어에서 백 사이드란 뒤꿈치를 말하며 프런트 사이드란 발 앞쪽을 말한다. 즉 백 사이드 슬리핑이란 이름이 붙은 것은 발뒤꿈치 에지를 사용한다는 뜻이고, 프런트 사이드 슬리핑은 발 앞쪽 에지를 사용한다는 뜻에서 붙은 이름이다.

따라서 프런트 사이드 슬리핑에서는 발 앞쪽에 에지를 걸어 정지해 있다가 이것을 서서히 풀어주며 내려가게 된다. 백 사이드 슬리핑에서는 반대로 발뒤꿈치에 에지를 걸어 정지해 있다가 이것을 서서히 풀어주며 내려가게 된다. 정지할 때는 반대로 다시 에지를 걸어주면 된다.

다음 날도 삼촌과 브라보는 스노보드 정복에 여념이 없었다.

"이제 낙엽 떨어지기 연습을 해보자."

"낙엽 떨어지기요?"

"하하, 이름이 재밌지? 스노보드 타는 모습이 마치 낙엽이 팔랑팔랑 떨어지는 모습과 비슷하다고 해서 붙여진 이름이야. 영어로는 펜듈럼이라고 하지."

"하하 재밌어요!"

"브라보, 낙엽이 어떻게 떨어지지?"

"지그재그로 떨어지잖아요."

"맞아, 그렇게 떨어지는 낙엽처럼 경사면의 사선 방향을 따라 지그재그로 움직이는 기술이 바로 펜듈럼이야."

삼촌은 낙엽 떨어지기 기술을 선보였다.

"요령은 간단해. 양발에 고르게 무게중심을 두고 사이드 슬리핑으로 내려오다가 진행하고자 하는 방향을 바라보면서 무게중심을 살짝 이동하면 돼. 그러면 보드도 같이 움직이거든. 이때 앞발의 각도를 조금 약하게 주면 방향이 쉽게 바뀌어."

삼촌은 직접 동작을 보여주며 펜듈럼을 해보였다.

"그리고 또 방향을 바꾸고자 할 때에는 몸의 중심을 바로 잡아 정지한 후 다시 가고자 하는 방향으로 무게중심을 옮기면 돼. 생각보다 간단하지?"

"그러네요."

브라보는 이렇게 대답하고는 조심스럽게 낙엽 떨어지기 동작을 해보았다. 처음엔 잘되지 않았지만 여러 번 연습하다 보니 어느 정도 할 수 있게 되었다.

"이 펜듈럼 역시 앞으로 보고 내려가는 토우 사이드 팬듈럼과 힐 사이드 팬듈럼이 있어. 둘 다 연습해 보도록 하자."

브라보는 그날 온종일 펜듈럼만 연습하였다. 하루의 연습이 끝나고 나면 반드시 스트레칭으로 몸을 풀어주는 것을 잊지 않았다. 덕분에 브라보는 가벼운 몸 상태로 매일매일 스노보드를 연습할 수 있었다.

다음 날, 삼촌은 브라보에게 '트래버스'라는 기술을 가르쳐 주었다.

"트래버스는 펜듈럼보다 좀 더 길고 빠르게 가는 기술이라고 생각하면 돼. 대신 토우 사이드발 앞쪽와 힐 사이드발뒤꿈치를 번갈아 가며 타는 게 다르지."

삼촌은 트래버스 기술을 선보였다. 그런데 펜듈럼처럼 타고 내려가다 갑자기 몸을 바닥에 굴려 방향을 바꾸더니 다시 펜듈럼으로 내려가는 게 아닌가.

"트래버스는 토우와 힐을 번갈아가며 타는 게 중요해. 이러려면 중간에 방향을 바꿔야 하는데 양발이 보드에 묶여 있기 때문에 그냥은 안 돼. 그래서 바닥에 엎드리며 방향을 바꾸는 거야."

브라보는 삼촌을 따라 트래버스도 연습해 보았다. 처음엔 방향을 바꾸는 것도 쉽지 않고 방향을 바꾼 후 다시 일어나는 것도 쉽지 않았다.

"처음엔 토우 사이드로 에지를 걸고 가다가 힐 사이드로 방향을 바꾸기 위해 바닥에 엎드려 방향 전환을 해, 그리고 힐 사이드로 에지를 걸어 반대 방향으로 진행하는 거야. 이 트래버스는 초급 기술인 카빙 턴과 연결이 되기 때문에 몸에 충분히 익혀 두는 것이 좋아."

브라보는 트래버스 기술을 익히는 데 애를 먹었으나 이를 악물고 열심히 노력한 결과 트래버스도 어느 정도 할 수 있게 되었다.

"내일부터는 본격적으로 직활강과 스노보드의 턴 기술을 배우도록 하자."

'이제 드디어 턴 기술을 배운다!'

브라보는 흥분하였다.

다음 날, 삼촌은 턴을 가르치기 전에 직활강 기술부터 가르쳐 주었다.

"직활강이란 보드를 경사면과 나란히 한 상태로 그대로 내려가는 것을 말해. 속도가 붙으면 상당히 스릴 넘치겠지?"

"저는 겁이 날 것 같은데요."

"하하, 대신 정지하는 방법과 속도를 조절하는 방법을 익히면 겁낼 거 없어."

삼촌은 직활강을 선보였다.

"앞발에 무게중심을 두고 그대로 미끄러져 내려가면 돼. 그러다가 정지하고 싶으면 뒷발을 이용하여 보드를 경사면과 수직이 되게 틀어주면 돼. 이때 양발에 균등하게 무게중심을 주고 산이 있는 쪽으로 에지를 강하게 걸어주면 보드가 서게 되지."

브라보는 직활강으로 내려오다가 정지하는 연습을 했다. 그동안 했었던 사이드 슬리핑보다 훨씬 스릴이 느껴졌다.

"이 정지하는 원리를 잘 이용하면 직활강을 하면서 속도도 조절할 수도 있게 돼. 잘 생각해 봐."

"아, 결국 마찰력을 이용하는 거잖아요."

"맞아, 완전히 정지할 만큼 에지를 걸지 않으면 속도만 줄겠지. 그렇게 속도를 줄이고 다시 에지를 풀면서 속도를 붙이면 라이딩을 할 수 있게 되는 거야."

삼촌은 다음으로 브라보에게 스노보드의 턴 기술을 가르쳐 주었다. 반밖에 돌지 않는다는 갈란드 턴, 완전히 180도로 도는 비기너 턴일명 베이직 턴이라고 함, 몸을 폈다 좁혔다 하는 업 다운이 있는 너비스 턴까지. 그런데 이 모든 것은 바로 카빙 턴을 하기 위한 과정일 뿐이었다. 브라보는 피나는 노력 끝에 카빙 턴까지 배울 수 있었다.

그리고 브라보는 삼촌에게 스노보드 기술의 꽃이라 할 수 있는 알리 기술을 특별히 전수받았다. 그것은 바로 스노보드를 타고 가다가 점프를 하는 기술이었다.

스노보드는 브라보를 흥분시켰다. 브라보 자신이 스노보드를 타고 있는 것 자체가 신기하게 느껴질 정도였다. 그리고 스노보드를 타고 점프를 하면서 브라보는 점점 자신감이 생겼다. 그리고 이제 자신도 제법 용기가 있다는 생각까지 하게 되었다. 그렇지 않다면 지금 스노보드를 타고 있지 않을 테니까.

스노보드의 기본 턴 기술 정리

1. 펜듈럼 Pendulum

일명 낙엽 떨어지기 기술로 마치 낙엽이 떨어지는 모습처럼 슬로프의 사선을 따라 지그재그로 내려오는 기술을 말한다.

2. 트래버스 Travers

스키의 사활강에 해당하는 것으로 펜듈럼보다 조금 더 거리가 길고 속도가 빠르다는 차이가 있다. 트래버스를 하는 목적은 안정성과 전체적인 조정 능력을 키우기 위함이다.

3. 갈란드 턴 Garland turn

턴을 반만 하는 것을 말한다. 즉, 트래버스를 하고 내려오다가 시선, 어깨, 골반을 동시에 턴하고자 하는 방향으로 돌리며 무게중심을 이동한다. 그러면 자연스럽게 보드가 돌게 되는데 이때 완전히 돌지 말고 다시 트래버스 자세로 돌아간다.

4. 비기너 턴 Beginner turn

베이직 턴이라고도 하며 스노보드 턴의 기본이 되는 턴 기술이다. 비기너 턴은 갈란드 턴에서 반만 회전을 하던 것을 완전히 회전하는 동작이라고 생각하면 된다. 보드의 무게중심 이동을 이용하여 회전한다.

5. 너비스 턴 Novice turn

비기너 턴에 업 다운이 가미된 것이 바로 너비스 턴이다. 여기서 업 다운이라는 의미는 몸을 최대한 넓혀 펴주는 것업과 움츠리는 것다운을 뜻한다. 이러한 업 다운은 보드에 가해지는 하중의 차이를 만들어내는데, 이 하중의 차이가 바로 회전을 할 수 있게 한다.

즉, 업 상태에서는 보드에 가해지는 하중이 최소가 되어 캠버가 들리기 때문에 바닥과의 마찰이 줄어든다. 그러나 다운 상태에서는 보드에 가해지는 하중이 최대로 되기 때문에 캠버가 눌려 바닥과의 마찰이 늘어난다.

이러한 마찰력의 차이가 회전을 만들어내는 것이다. 다시 정리하면 보드를 타고 내려오다가 턴을 하려는 시점에서 몸을 업시키면서 상체를 틀면 보드의 방향이 변하게 된다. 그렇게 회전한 후 다시 몸을 다운시키면서 회전을 줄이고 내려오는 방식이다.

6. 카빙 턴 Carving turn

S자 모양을 그리며 슬로프를 내려오는 기술을 말한다. 사실 그동안 나열했던 턴 기술들은 모두 카빙 턴을 하기 위한 준비 단계였다고 생각하면 된다. 카빙 턴은 한마디로 에지와 업 다운 등의 빠른 로테이션을 이용하여 회전하는 기술이다.

카빙 턴은 에지를 이용한 턴이기 때문에 보드가 슬로프를 마는 느낌을 받게 되며 보드가 지나간 자리는 S자 라인 모양의 에지 자국을 남긴다. 이러한 카빙 턴은 기초적인 턴을 완벽히 마스터해야 구사할 수 있는 기술이며 모든 스노보드들의 목표가 되는 턴이기도 하다.

7. 알리 Ollie

스노보드는 크게 라이딩 기술과 트릭 기술로 나눌 수 있다. 라이딩은 알파인 스노보드에서 주로 이용되는 슬로프를 달리는 기술이며 지금까지 다루었던 모든 것이 라이딩에 관한 기술이었다.

그러나 프리스타일 스노보드에서는 여러 가지 트릭 기술이 사용된다. 트릭 기술이란 달리기 외에 점프 등 다양한 기술을 선보이는 것을 말한다. 알리는 그러한 트릭 기술 중 한 가지이다. 트릭 중 공중에서 하는 기술을 에어라 하는데 이러한 에어의 기본이 알리이다.

알리는 보드의 테일뒷부분 부분의 탄성을 강하게 이용하여 그 반동으로 튀어 오르는 기술을 말한다.

일요일 아침, 브라보랑 친한 친구인 대니에게 전화가 왔다.

"야, 너 요즘 스노보드 배운다며? 오늘 나랑 스노보드 타러 가지 않을래?"

마침 오늘은 삼촌이 약속이 있는 날이라 브라보도 스노보드 연습을 어떻게 할까 망설이고 있던 참이었다.

'그래, 좋은 기회야!'

브라보는 오늘이야말로 애들 앞에서 자신의 달라진 모습을 보여줄 수 있는 더없이 좋은 기회라고 생각했다.

"좋아! 나도 스노보드장에 가고 싶었는데!"

그렇게 브라보가 대니를 만나러 나갔을 때, 평소 친하지 않은 다른 친구들 몇몇이 더 나와 있었다. 브라보는 조금 긴장이 되었으나 두 주먹을 불끈 쥐었다.

드디어 실내 스노보드장으로 들어섰다. 생각보다 꽤 잘 타는 애들이 많았다. 그리고 이 스노보드장에는 슬로프뿐만 아니라 여러 장애물 시설까지 설치되어 있었다.

대니는 스노보드를 탄 지 2년이나 되었다고 했다. 같이 온 애들도 적게는 반년에서 1~2년 동안 스노보드를 탄 애들이었다. 브라보는 살짝 기가 죽었다.

'난 이제 겨우 한두 달인데…….'

대니가 가장 먼저 시범을 보였다. 아주 부드럽게 라이딩하는 모습이었다. 다른 애들도 정도의 차이는 있었지만 초보 수준은 단 한 명도 없었다. 브라보는 갑자기 기가 죽었다. 어제까지 넘치던 자신감이 가슴 깊은 곳으로 자꾸 빨려 들어가는 것만 같았다. 드디어 브라보의 차례! 브라보는 정신을 차렸다.

"호랑이 굴에 들어가도 정신만 차리면 산다."

늘 삼촌이 했던 말이 브라보의 정신을 더욱 가다듬게 해주었다. 브라보는 슬로프 위에 서서 드디어 라이딩을 시작했다. 부드럽게 슬로프를 타며 삼촌에게 배웠던 카빙 턴을 해보았다. 거친 자연 속에서 연습해서 그런지 실내 스노보드장에서는 더욱 잘되는 것 같았다.

"우와! 브라보! 정말 대단하다!"

친구들의 탄성이 브라보의 귀에 울려 퍼졌다. 대성공이었다.

"아니, 배운 지 얼마 안 된 줄 알았더니 그게 아니잖아!"

대니가 깜짝 놀라며 브라보를 추켜세웠다.

"아, 아니. 우리 삼촌이 옛날에 선수라 잘 가르쳐 줘서……."

브라보는 말을 머뭇거렸지만 정말 기분이 날아갈 듯했다.

브라보는 계속해서 스노보드를 탔다. 자신감이 붙자 이번에는 점프 기술인 알리도 해보고 싶었다. 브라보는 알리도 멋지게 성공했다.

“브라보! 정말 대단하다!”

친구들은 브라보의 기술에 넋이 나가 보였다. 그러자 대니가 질투 가득한 표정으로 브라보에게 외쳤다.

“브라보, 너 저기 장애물도 통과할 수 있어?”

브라보는 스노보드장 한편에 설치된 장애물을 바라보았다. 그것은 평균대처럼 좁은 기물 위를 스노보드로 달리는 장애물이었다. 브라보는 자신도 모르게 할 수 있다며 고개를 끄덕였다. 그러나 막상 장애물 앞에 서니 가슴이 덜컹거렸다.

‘쳇, 알리까지 해냈는데, 이 정도야…….’

브라보는 또다시 주먹을 불끈 쥐고 눈 위를 달렸다. 그리고 가볍게 점프하여 기물 위로 올라선 다음 눈 깜짝할 새에 미끄러져 통과했다.

“우와!”

그때 누군가가 스노보드를 타고 점프대 위를 점프하며 한 바퀴 회전하는 멋진 기술을 선보이는 게 보였다. 친구들의 시선이 일제히 브라보에게서 떠나 모두 거기를 향했다. 브라보는 갑자기 자신도 점프에 도전해 보고 싶다는 열망이 피어올랐다. 아직 삼촌에게 배우지 않은 것이다. 하지만 브라보는 자신도 충분히 해

낼 수 있다는 자신감이 솟구쳤다. 이제 아무도 브라보를 막을 수 없었다. 브라보는 점프대를 향해 달리기 시작했다. 그런 브라보를 발견한 대니가 소리쳤다.

"앗, 브라보 그건 위험해! 아무나 할 수 있는 게 아니야!"

그러나 브라보의 스노보드는 이미 점프대를 향해 떠난 후였다. 브라보는 점프대의 경사면을 타고 붕 하며 하늘을 날았다. 공중에 뜬 브라보의 가슴은 터질 것만 같았다. 그리고 브라보는 세상을 다 얻은 것만 같았다. 그리고…… 비록 회전까지는 못했지만 멋지게 착지하는 데까지 성공하였다. 브라보의 모습을 바로 옆에서 지켜본 친구들은 할 말을 잊었다. 브라보는 친구들을 보며 씩 웃고는 두 손가락으로 V자를 그어보였다. 그제야 친구들은 탄성을 터트렸다.

"브라보, 최고! 브라보, 최고!"

이제 브라보의 가슴은 세상의 그 무엇이라도 다 할 수 있을 것 같은 자신감으로 가득 찼다.

6

가자, 평창으로!

평창의 설원을 날다

브라보는 늘 오후 3시면 학원에 가는데 오늘은 그보다 20분이나 이른 시간에 집을 나섰다. 엄마가 마침 근방에 일이 있다며 차로 브라보를 데려다 주었기 때문이다. 브라보는 어제의 멋진 점프를 생각하며 교실 문을 열었다. 그런데 이게 웬일인가, 마침 샤크가 와 있었던 것이다.

'아니, 재가 웬일이지?'

브라보는 조금 놀라긴 했으나 이상하게 다른 때와 달리 가슴은 크게 뛰지 않았다. 샤크는 브라보를 보더니 오늘 숙제 좀 빌려 달라고 했다.

'그럼, 그렇지. 숙제를 안 해 일찍 왔구나.'

브라보는 아무 대꾸도 하지 않고 숙제한 공책을 빌려 주었다.

아이들이 한둘 더 오고 어느 정도 시간이 지나자 브라보는 슬슬 걱정이 되기 시작했다. 선생님이라도 오면 큰일이었기 때문이다. 샤크의 자리를 슬쩍 봤더니 샤크는 자리에 없었다.

'숙제를 다했나?'

브라보는 샤크의 자리로 가서 자기 공책을 가지고 왔다. 그때 갑자기 샤크가 나타났다.

"아직 다 안 했는데 왜 가져 가!"

그러면서 브라보의 가슴을 툭 치는 것이었다. 브라보는 갑자기 두 눈을 부릅뜨고 샤크를 쏘아보며 커다랗게 소리쳤다.

"앞으로 절대 나 때리지 마, 가만두지 않겠어!"

브라보의 행동에 샤크도 놀랐지만 주위에 있던 아이들이 더 놀랐다. 샤크는 다시 브라보를 한 대 쳤고, 브라보도 샤크에게 한 방 먹였다. 브라보의 주먹은 생각보다 강했다. 그렇게 샤크와 브라보의 싸움이 벌어졌다. 얼마 지나지 않아 선생님이 오셨고, 샤크와 브라보는 벌을 서게 되었다.

"우와, 너 대단하다."

바비는 브라보의 행동에 무척이나 놀랐는지 연신 감탄을 해대기 바빴다. 바비는 결국 집에까지 와서 엄마에게 자랑을 늘어놓았다.

"글쎄, 브라보가……."

엄마는 브라보가 학교에서 싸웠다는 사실에 놀랍기도 하고 걱정도 들었다. 전과 달리 브라보가 용기 있게 행동한 것은 기뻤지만, 학교 친구와 싸웠다는 게 마음에 걸린 것이다. 하지만 이번 일로 브라보가 자신감을 갖게 된 것 같아 크게 야단은 치지 않았다. 삼촌도 브라보가 대단하다며 놀라기는 마찬가지였다.

"스노보드 덕분인 것 같아요."

브라보는 모든 공을 스노보드에게 돌렸다.

"그것 봐, 스노보드를 타면 용기가 생긴다고 했지?"

"사실 어제 친구들이랑 스노보드장에 갔는데…… 점프에 성공했어요."

"저, 정말이야? 그건 담력이 있어야 가능한 건데? 대단한데 브라보!"

"다 삼촌 덕분이에요, 삼촌 아니었으면…… 고마워요, 삼촌!"

브라보는 스스로 대견하다고 생각했는지 눈가가 촉촉해졌다.

"브라보, 너도 이번에 평창에서 열리는 어린이 스키 대회에 함께 가는 거지?"

바비가 말했다.

"당연하지. 스노보드 쇼도 열린다고 하니 꼭 가야지!"

삼촌까지 거들며 말했다.

'평창의 설원에서 스노보드를 타면 기분이 어떨까?'

브라보는 평창에서 스노보드를 탈 생각을 하니 갑자기 가슴이 뛰기 시작했다.

평창 어린이 스키 대회가 열리기 이틀 전, 바비네 가족은 평창으로 향했다. 아쉽게 아빠만 회사가 바빠 참석하지 못했다.

드디어 도착한 평창. 태어나서 처음 와보는 평창이었다.

"어디부터 가야 하지?"

모두가 헤매고 있을 때 갑자기 엄마가 평창 군청으로 향했다.

"우린 이제 앞으로 올림픽을 개최할 역사적인 도시에 온 거야. 그러니 이참에 평창에 대해 잘 알아두자고."

"그런데 왜 군청을 가요?"

"너희 모르는구나. 이럴 때 군청에 가면 가장 확실한 정보를 얻을 수 있단다."

그렇게 브라보와 바비가 왜 군청을 가냐고 투덜거리며 엄마의 꽁무니를 졸졸 따라 평창 군청을 방문하게 되었다. 그런데 생각과 달리 군청에서는 자세한 평창 소개는 물론 가볼 만한 관광 명소까지 상세히 알려주었다.

"와, 앞으로 어느 도시든 구경 가면 이렇게 해야겠구나."

브라보가 감탄하자 이번엔 삼촌까지 거들었다.

"일본에서는 어느 지역에 가든 이렇게 관청을 먼저 들리는 게 보편화되어 있지."

"와, 그렇구나. 난 시청, 군청 이런 데는 따분한 곳인 줄만 알았는데……."

바비네 가족은 그렇게 첫날은 평창의 여러 명소를 둘러보며 평창의 아름다움에 푹 빠져들었다.

다음 날 아침, 이제 개학을 얼마 남겨두지 않은 2월의 평창은 그야말로 설국이었다. 온통 하얀 눈으로 뒤덮였고, 나무들마다 아름다운 눈꽃이 쌓여 그야말로 아름다운 눈의 나라였다.

"평창에는 우리나라 최고의 스키장들이 즐비하지."

삼촌이 흥분을 감추지 못하며 말했다.

"물론 스노보드장도 있겠죠?"

"당연하지. 오늘은 이곳 평창 스키장에서 마음껏 즐기자고!"

삼촌과 바비, 브라보는 연습도 할 겸 곧바로 스키장으로 향했다. 그곳은 그동안 연습했던 전용 스키장(?)보다 몇 배나 크고 넓었다. 수많은 사람들이 그곳에서 스키와 스노보드를 즐기고 있었다.

"와! 정말 대단하다, 스키 타는 사람들이 이렇게 많다니!"

"너희 이런 곳에서는 스키 매너와 안전수칙을 잘 지켜야 하는 거 알지? 스키장 사고의 80%가 스키 탈 때 지켜야 할 기본예절과 안전수칙을 어겨서 생긴다잖아."

"그야, 당근이죠. 누구한테서 배웠는데요!"

바비와 브라보가 삼촌을 치켜세우자 삼촌은 쑥스러운 듯 뒷머리를 긁적였다.

"내일 경기가 대회전 방식으로 열리니까 바비는 그걸 연습하도록 해. 그동안 연습한 대로 하면 분명히 좋은 성적이 나올 거야."

"예, 삼촌!"

삼촌은 바비에게 이렇게 말한 뒤 브라보와 함께 스노보드를 탔다. 브라보는 평창의 설원에서 스노보드를 탄다는 게 꿈만 같았다. 그동안 갈고닦은 실력으로 브라보는 멋지게 평창 스키장의 슬로프를 타고 내려갔다. 그 기분은, 분명히 평소 전용 스키장에서 타던 것과는 비할 바가 못 되었다.

스키, 배워볼까요?

스키, 스노보드장 예절

스키, 스노보드장에는 많은 사람들이 모이기 때문에 반드시 예절을 지켜야 한다. 그렇지 않으면 자신과 타인의 안전을 해칠 수 있고, 서로에게 불쾌감을 안겨줄 수도 있다. 따라서 스키장에서는 최소한 다음과 같은 예절과 매너를 지켜야 할 것이다.

- 슬로프에서 넘어지면 신속히 일어나 다른 사람과의 충돌을 피한다.
- 무리하게 속도를 내어 공포감을 조성하지 않는다.
- 끼어들거나 다른 사람을 추월하지 않는다.
- 혹시 다른 사람과 부딪칠 경우 미안하다고 말하며 사과한다.

스키, 스노보드장 안전수칙

- 자신과 다른 사람의 안전을 위해 준비운동, 장비점검 등을 철저히 해야 한다.
- 자신의 수준에 맞는 슬로프를 선택하여 반드시 그곳에서 타야 한다.

· 앞에서 활강하는 스키어가 우선이므로 뒤에 위치한 스키어는 앞사람을 추월하지 않고, 서로 충돌하지 않게 주의하는 등 항상 조심해야 한다.

· 자신이 다른 사람에게 방해가 되는 곳에 있지 않은지 항상 살펴야 한다.

· 혹시 서로 마주치게 될 때에는 서로 왼쪽으로 피한다.

· 오르기를 할 경우 반드시 코스 가장자리로 옮겨 이동한다.

· 스키장에서 부츠만 신고 다녀서는 안 된다.

· 스키어는 그 스키장에 정해진 규칙과 지시에 잘 따라야 한다.

· 스키장에는 안전을 위해 안전 표지판이 있는데 이를 미리 숙지하고 잘 따라야 한다.

전국 스키장 현황

우리나라에는 총 17개의 스키장이 있다. 각 시도별 스키장 개수는 다음과 같다.

경기도 5곳 – 광주시,포천시,남양주시,용인시,이천시

강원도 9곳 – 춘천시, 홍천군, 고성군, 원주시, 태백시, 평창군 2곳, 정선군, 횡성군

충청북도 1곳 – 충주시

전라북도 1곳 – 무주군

경상남도 1곳 – 양산시

이중 가장 넓은 스키장은 강원도 정선군에 있는 하이원 스키장으로 연면적 4,991,751㎡를 자랑한다. 커다란 넓이에 맞게 초급부터 세계스키연맹 공인 대회전 코스까지 다양하게 갖춰져 있다. 2위는 강원도 태백시의 오투 리조트로 4,799,000㎡이다. 그 뒤를 이어 무주 리조트, 용평 리조트, 휘닉스파크, 대명비발디파크 등의 스키장이 위용을 자랑하고 있다.

출처 : (사)한국스키장경영협회, 조사기간 : 2009.11~2010.4

스키장 안전 표지판

코스와 난이도를 나타내는 색 구분

검은색	상급 코스
빨간색	중급 코스
연두색	초급 코스

구호 관계 표지

패트롤 연락소

구급 진료소

금지 표지

금지의 기본 양식

출입 금지

흔들지 말 것

보행 금지

주의 표지

위험 · 주의하라

나누어진다

급경사면이 된다

내릴 준비를 하라

스키 대회에 참가하다

드디어 어린이 스키 대회가 열리는 날이었다. 전국에서 수많은 어린이들이 이 대회에 참가하기 위해서 모여들어 북적대었다. 바비는 그중에 한 명일 뿐이었다. 바비를 응원하기 위해 엄마와 삼촌, 브라보가 함께 경기장으로 향했다.

경기에 앞서 스노보드 선수들의 멋진 시범경기가 열렸다. 멋진 복장의 스노보더들이 등장해 갖가지 묘기를 선보였다. 슬로프를 질주하는가 싶더니 어떤 스노보더는 멋진 트릭 기술도 선보였다. 관중석에서 감탄사가 쏟아졌다. 이윽고 사회자가 나오더니 분위기를 띄웠다.

"이렇게 많은 분들이 와 주셔서 고맙습니다. 이번에는 어린이 스키 대회만 열리지만 다음에는 어린이 스노보드 대회도 같이 열릴 예정이니 많은 참가 부탁드립니다. 혹시 오늘 여기 온 어린이 중 스노보드 시범을 보이고 싶은 어린이 있으면 앞으로 나와 주세요."

갑작스러운 사회자의 말에 분위기가 술렁거렸다.

"브라보, 드디어 기회가 왔다."

삼촌이 브라보에게 눈짓을 해보였다.

"에이. 내가 어떻게……."

"너 정도 실력이면 충분해. 나가서 카빙 턴하고 알리 한 번 하고 들어오면 돼!"

삼촌이 이렇게 계속 브라보를 부추겼다. 그때 사회자가 다시 말했다.

"스노보드 시범을 보일 어린이 없습니까? 없으면 그냥 대회를 진행하도록 하겠습니다."

그때였다. 브라보가 저요 하고 소리치며 앞으로 나갔다. 브라보를 따라 몇 명의 아이들이 더 나왔다. 브라보는 그 아이들과 함께 스노보드 시범을 보였다. 브라보는 카빙 턴과 알리 기술을 해보였다. 알리를 할 때 약간의 실수가 있었지만, 만족스러운 기술이었다. 구경 온 사람들이 모두 일어나 우레와 같은 박수를 쳐주었다. 브라보는 자신이 마치 이곳에서 최고의 스타가 된 기분이었다.

"우리 브라보가 저렇게 멋진 아이였다니!"

엄마는 너무도 기쁜 나머지 얼굴이 온통 눈물범벅이 되었다.

"아빠가 이 모습을 꼭 봤어야 했는데……."

삼촌은 바비의 손을 꼭 잡았다.

"이제 네 차례야 바비, 잘할 수 있지?"

"당연하죠."

바비는 여장부처럼 주먹을 불끈 쥐어보였다.

어린이 스키 대회는 약식 대회전 방식으로 치러졌다. 즉, 약식 크기의 대회전 슬로프에 몇 개의 기문을 세워놓고 그것을 두 번 시도하여 합계 통과 기록이 제일 빠른 선수가 우승하는 방식의 경기였다. 두 번의 경기는 오전에 한 번, 오후에 한 번 치러지는 방식으로 진행된다고 했다. 바비는 고학년부에 속했고 고학년부에만 50명이 넘는 아이들이 참가했다.

드디어 첫 어린이 선수가 출전했다. 생각보다 부드럽게 슬로프를 질주하며 내달렸다. 기문도 무사히 잘 통과했다. 그러나 중간에 주춤하는 바람에 기록은 1분을 넘겼다.

"최소한 1분 안에 들어와야 순위 안에 들 수 있어!"

바비의 코치를 맡고 있는 삼촌이 외쳤다. 바비는 열일곱 번째 선수였다. 자신의 순서가 점점 다가오자 그렇게 당당하던 바비도 가슴이 떨리기는 마찬가지였다.

"바비, 그때 내가 알려줬던 대로 마인드컨트롤을 해봐."

바비는 삼촌을 쳐다보며 고개를 끄덕이고 눈을 감았다. 삼촌은 스키가 자신의 마음속에 도사리고 있는 두려움과의 싸움이라며 늘 심호흡을 하고 마음을 다스려야 한다고 했다. 그래서 바비와 브라보에게 가르쳐 준 것이 마인드 컨트롤과 이미지 트레이닝이다. 마인드 컨트롤은 들떠 있는 감정을 조절하는 방법이고, 이미지 트레이닝은 상상으로 실제처럼 경기를 해보는 것이었다. 바비는 눈을 감고 설원에서 편안히 누워 있는 자신의 모습을 상상하며 감정을 다스렸다. 그랬더니 훨씬 마음이 안정되었다.

드디어 바비의 차례가 되었다. 바비는 계속 패럴렐 턴을 떠올리며 심호흡을 하고 경기장에 들어섰다. 드디어 출발.

바비는 부드럽게 달리는 듯하다가 속도를 내기 시작했다. 그리고 드디어 기문에서 턴까지 훌륭히 해냈다. 바비는 계속해서 S자를 그리며 유유히 모든 기문을 통과하고 결승선을 통과했다. 기록은 49초77! 대성공이었다. 그동안 기록 중 최고였다.

"와! 바비 최고다!"

브라보가 목이 터져라 소리쳤다. 엄마도 박수를 치고 삼촌은 펄쩍펄쩍 뛰기까지 했다.

이후 바비보다 더 좋은 기록을 내는 아이는 보이지 않았다. 그런데 그 순간이었다. 마흔네 번째 선수가 등장했다.

'앗, 저 아이는?'

바비는 하마터면 뒤로 넘어질 뻔했다. 그 아이는 바로 작년 일본의 갓산 스키장에서 자신에게 엄청난 모욕을 안겨줬던 바로 그 여자애였기 때문이었다. 그런데 그 아이를 평창에서, 그것도 스키 경기의 경쟁자로 만나다니! 바비는 혹시 꿈이 아닌가 하며 뺨을 꼬집어보기도 했다. 그러나 분명 꿈이 아니었다. 바비의 심장이 천둥처럼 요동치기 시작했다. 바비는 가까스로 침을 꿀꺽 삼키고 그 아이의 경기를 지켜봤다.

'그때 스키를 엄청 잘 탔었는데…….'

바비는 왠지 걱정이 되었다. 그 아이가 자신의 기록을 무참히 깨 버릴 것만 같았기 때문이었다. 아니나 다를까, 그 아이는 힘차게 슬로프를 질주하기 시작하더니 그동안 출전 선수들이 보여주지 못했던 동작을 선보였다. 관중석 이곳저곳에서 탄성이 터져나올 정도였다.

"우와, 저건 완전히 프로급 실력인데!"

삼촌마저 놀란 채 바비의 속을 긁어놓았다. 결국 그 아이는 모두의 예상대로 45초11이라는 최고의 성적으로 결승선을 통과했다. 바비는 그만 풀이 죽고 말았다. 그래서일까, 이후로 바비보다 기록이 좋은 선수들이 3명이나 더 나왔다. 그렇게 1라운드 경기가 끝났다. 바비는 5위의 성적이었다. 3위까지 금, 은, 동메달을 주는 경기이다. 이 성적대로라면 바비는 메달권 밖이었다. 무엇보다 참을 수 없는 건 일본에서 봤던 그 아이가 현재 1위라는 사실이었다. 오후 경기까지는 꽤 시간적 여유가 남아 있었다.

"바비, 잘했어. 다른 애들은 몇 년씩 스키를 탄 애들이야. 넌 불과 몇 달 연습했는데 이 정도면 대단한 거야."

삼촌은 바비의 속도 모르고 입 발린 말만 하고 있었다. 바비는 조심스럽게 그 아이에 대해 삼촌에게 물어봤다.

"1등한 애 말이에요. 실력이 어느 정돈 거 같아요?"

바비의 질문에 삼촌은 고개를 설레설레 흔들었다.

"어휴, 걔가 우승할 것 같아. 경기에는 정말 잘하는 애가 꼭 한둘 있기 마련이거든. 이번 대회는 걔가 바로 그런 애야. 타는 걸 보니 체계적으로 훈련받았고, 또 탄 지도 꽤 오래된 것 같아."

삼촌의 말에 바비는 완전히 풀이 죽었다. 아이들의 기분을 풀어줄 요량이었는지 삼촌이 한 가지 제안을 했다.

우리 오후 경기시간까지 평창의 설원에서 함께 스노보드나 타볼까?
와! 정말요?
정말 멋있어요!
멋진 설원 위에서 바비와 브라보가 스노보드 타는 모습은 더욱더 멋질 거야!
촤촤촤!
슈슈슈슈슈
브라보에게 할 말이 있어.
뭔데요?
덜컹
덜컹

삼촌이 왜 너에게 자꾸 강제로 스노보드 배우게 했는지 알아?
그야, 담력 키우라고.
맞아, 그런데 그걸 시킨 사람은 사실 내가 아니라 너희 아빠야!
너희 아빠가 시켜서 이 삼촌이 널 강제로 끌고 다녔던 거야. 바비도 그렇고!
아빠가 왜?
그야 당연히 널 용기 있는 아이로 키우고 싶었던 거지. 아빤 널 사랑하거든.
쳇, 언제는 용기 없다고 놀리기만 하더니…….
벌떡!
이제 난 뭐든지 할 수 있어. 아무것도 두렵지 않다고!
차아악!

힘찬 브라보의 모습을 본 바비는 갑자기 두 주먹을 불끈 쥐었다.

무언가를 결심한듯 바비가 삼촌에게 말했다.

"삼촌, 나 그 아이 한번 이겨볼래요!"

삼촌은 바비의 갑작스러운 행동에 어안이 벙벙한 모습이었다.

"쉽지 않을 텐데……."

"아뇨! 난 할 수 있어요! 겁쟁이 브라보가 변한 것 봐요. 나도 할 수 있다고요!"

바비의 기세가 하도 등등해 삼촌도 바비의 손을 들어주고 말았다.

"그, 그럼 할 수 있고 말고……."

브라보도 어느새 곁으로 와 바비의 결심을 거들었다.

"나 이번에 많이 깨달았어. 그 애를 너 지 말고 너 자신의 경기를 해!"

브라보의 어른스러운 말은 바비의 가슴을 찔렀다.

드디어 오후 2회차 경기가 열렸다. 2회차 경기는 1회 때 정해진 1위부터 5위까지가 역순으로 경기를 펼치게 된다.

따라서 바비가 첫 번째로 경기에 나서게 되었다. 바비는 두 주먹을 불끈 쥐고 입술을 굳게 다물었다. 그때 바비의 눈에 그 아이의 얼굴이 들어왔다.

'그래 저 아이가 아니라 나 자신과의 싸움이야!'

바비는 힘차게 슬로프를 질주했다. 그 모습은 한 마리 새가 유유히 날아가는 듯 부드러워 보였다. 바비는 마치 눈과 하나가 된 듯 슬로프를 타며 내려왔다.

"와!"

삼촌은 바비가 질주하는 모습에 탄성을 질렀다.

'바비가 저 정도였나?'

삼촌도 울컥하는 마음이 들었는지 눈가에 이슬이 맺혔다.

"한 편의 영화를 보는 것 같아!"

브라보가 외쳤다. 드디어 바비가 결승선으로 들어왔다. 그 기록은 놀라울 정도였다.

1회차에 그 아이가 세운 45초11을 앞지르는 기록이었다. 관중들은 모두 일어나 바비에게 기립박수를 쳐주었다. 바비의 얼굴은 온통 눈물로 범벅이 되어 있었다.

"잘하면 1위 가능성도 있어!"

삼촌이 이렇게 외쳤으나 바비는 대신 이렇게 말했다.

"아냐, 이젠 1위 하지 않아도 돼요. 내가 이렇게 스키를 탈 수 있게 된 것만으로도 좋아요."

바비도 브라보처럼 어른스러운 말을 했다. 그때 이런 목소리가 들렸다.

"우리 바비, 브라보 최고다. 최고야!"

귀에 익은 목소리였다. 바비와 브라보가 돌아봤더니 그곳에는 아빠가 와 있었다. 바비와 브라보는 아빠를 보고 손을 흔들며 입에 귀가 걸릴 만큼 크게 웃었다. 뜨거운 눈물을 계속 흘리면서…….

스키, 배워볼까요?

스키, 스노보드와 이미지 트레이닝

스키와 스노보드는 확 트인 설원을 질주하는 멋진 스포츠이다. 그러나 보는 사람은 멋져 보일지 모르나 그 위를 엄청난 스피드로 달리는 사람은 늘 어쩔 수 없는 공포심과 싸워야만 한다. 특히 경사면에서는 가속이 붙기 때문에 점점 빨라지는 속도 때문에 공포는 가히 상상을 초월한다. 그래서 스키와 스노보드를 배우겠다던 초보자들은 이 공포를 이기지 못하고 그만두는 경우가 허다하다. 실제 스키를 한두 번 타고는 힘들어 못 타겠다며 그만두는 사람들을 스키장에 가면 얼마든지 볼 수 있다.

스키, 스노보드는 이와 같이 두려움을 극복해야만 지속적으로 탈 수 있는 경기이다. 이러한 두려움을 극복하는 방법으로 마인드 컨트롤과 이미지 트레이닝이 있다.

마인드 컨트롤이란 그야말로 감정을 조절하는 것인데 여러 가지 방법이 있다. 한 가지를 소개하면 마음이 들떠 있을 때 진정하는 방법으로, 편안한 자세에서 눈을 감은 후 심호흡을 하고 5부터 0까지의 숫자를 머릿속에 그려가며 집중하는 것이다. 그리고 0

이 그려졌을 때 자신이 경험했던 가장 편안한 장소바닷가나 설원 등를 떠올리며 그 속에 편안히 누워 있는 모습을 상상한다. 이렇게 하면 뇌파가 알파파로 떨어지며 몸과 마음은 아주 편안한 상태가 된다.

이미지 트레이닝의 경우 실제 경기 장면을 처음부터 끝까지 실제 하는 것처럼 그대로 머릿속에 그리며 해보는 것이다. 이 훈련 방법은 실제 국가대표 선수들이 사용하고 있는 것으로 많은 효과를 보았다는 선수들이 많다.

이미지 트레이닝이 필요한 이유는 실제 경기에 들어가면 극도의 긴장감 탓에 작은 실수를 할 때가 많기 때문이다. 그 작은 실수가 경기를 망치는데, 이미지 트레이닝은 그런 실수를 막아주는 역할을 한다. 즉, 이미지 트레이닝을 통해 긴장감과 두려움, 공포심을 극복할 수 있다. 이미지 트레이닝에서 중요한 점은 숨쉬기부터 손동작 하나까지 실제 경기를 하는 것처럼 모든 과정을 세밀하게 상상해야 한다는 것이다.

스키, 스노보드 용어 정리

스키 용어(가나다순)

고글Goggle : 자외선으로부터 눈을 보호하기 위해 쓰는 안경

글라이드 왁스 Glide wax : 좀 더 쉽게 미끄러지도록 하기 위해 스키 바닥 부분에 사용되는 왁스

기문Gate : 깃발과 막대 세트를 통틀어 게이트 또는 기문이라고 하고 대회전은 사각형, 회전은 삼각형 모양

다운힐Down hill : 스키가 폴 라인과 대각선 방향으로 움직일 때의 골짜기 쪽

더블 폴링 Double poling : 스키를 신고 힘을 가하면 중앙 부위가 오목하게 들어가게 되는데 이러한 형태를 말함

듀얼 슬라롬 Dual slalom : 평행 회전 활강 코스와 나란히 놓인 두 개의 동일한 싱글 폴 회전 활강 코스를 말함

리버스 캠버 Reverse camber : 스키를 신고 힘을 가하여 중앙 부위가 오목하게 내려간 형태를 말함

리프트Lift : 슬로프 위로 운반시키는 시설

모글Mogul : 가파른 설면에서 행해지는 프리스타일 종목으로 스피드, 공중 자세 등 기술적 능력에 따라 점수를 주는 방식으로 경

기가 진행됨

미드렝스 스키Mid-length ski : 중간 정도 길이의 스키

바스켓Basket : 폴이 눈 속으로 너무 깊이 파고들지 못하도록 된 부분

바이애슬론Biathlon : 사격과 스키를 결합한 크로스컨트리 경기 종목

버튼 리프트Button lift : 원반 모형의 고리를 다리 사이에 끼고 한 사람씩 타는 리프트

보겐Bogen : 스키를 벌린 채로 경사면을 회전하면서 내려가는 것

비기너 스키Beginner ski : 가장 짧고 넓은 스키

사등행Side stepping : 스키를 옆으로 한 발 한 발 옮겨 올라가는 것을 말함

사이드 슬리핑Side slipping : 스키를 폴 라인과 수직으로 놓고 옆으로 미끄러지는 기술

쇼트 턴Short turn : 짧게 연속적으로 회전하는 턴 기술

슈퍼 자이언트 슬라롬Super Giant Slalom : 활강과 자이언트 슬라롬 기술을 복합시킨 알파인 경기의 한 종목

스키 점핑Ski jumping : 언덕에서 스키를 타고 내려오다 점프를 하는 노르딕 스키의 한 종목

스키 패트롤Ski patrol : 구조를 목적으로 특별히 훈련된 스키어들

스타 턴Star turn : 제자리에 서서 스키의 앞이나 뒤를 벌려 방향을 바꾸는 기술

스템 턴Stem turn : 스템 동작을 이용하여 회전하는 기술

스템Stem : 스키의 뒷부분을 넓혀 제동을 거는 기술

슬라롬Slalom : 기문이 설치된 알파인 경기장을 말함

슬로프Slope : 스키를 탈 수 있도록 눈을 다져 놓은 곳

아웃사이드Out side : 턴을 할 때 턴이 그리는 원의 중심과 반대쪽

알파인Alpine : 스키의 회전과 활강을 주로 하는 경기

업 다운Up-down : 활주하는 동안 몸을 위, 아래로 움직이는 동작

업 힐Up-hill : 스키를 탈 때 산 정상 쪽을 말함

에지Edge : 스키 활주면의 양쪽 모서리 부분을 말함

에징Edging : 스키 에지로 눈 위에 힘을 주는 동작을 말함

웨더링Wedering : 연속적인 패럴렐 턴을 실시하는 기술

이너부츠Inner boots : 부츠 내부에 있는 부츠로 발을 부드럽게 감싸주는 역할을 함

점프 턴Jump turn : 점프하며 스키 방향을 바꾸는 턴 기술

점프Jump : 활주 도중 스키를 들어 올리는 동작

직활강Schuss : 폴 라인을 따라 그대로 내려오는 기술

카빙 턴Carving turn : 스키의 안쪽 에지로 턴을 하는 기술

캠버Camber : 스키 중앙 부분의 볼록하게 솟은 부분을 말함

콤팩트 스키Compact ski : 스키의 길이가 매우 짧은 스키 플레이트

컴피티션 스키Competition ski : 스키의 길이가 가장 긴 스키 플레이트

크라우칭Crouching : 활주 속도를 높이기 위하여 웅크린 자세를 말함

트래버스Traverse : 코스의 사선 방향을 말함

패럴렐 턴Parallel turn : 두 스키를 나란히 하여 회전하는 기술

폴 라인Pole line : 설면에 공을 떨어뜨렸을 때 공이 움직이는 라인을 말함

폴Pole : 막대기처럼 생긴 스키 장비

표고차Vertical drop : 출발선과 골인선 사이의 고도차를 말함

헬멧Helmet : 머리 부분에 착용하는 스키 장비로 대회전 이상은 의무적으로 착용해야 함

스노보드 용어(가나다순)

국제 스노우보드 연맹ISF : International Snowboard Federation

구피 스탠스Goofy stance : 오른발이 앞쪽으로 오는 자세

내추럴 포지션Natural position : 각종 턴 동작의 기본이 되는 것으로 양발에 균등하게 중심을 두는 자세

노우즈Nose : 스노보드의 앞쪽 부분

데드라인Death line: 폴 라인과 교차하는 수평선을 말함

데크 패드Deck pad : 앞뒤의 바인딩 사이에 붙이는 미끄러짐을 방지하는 매트

레귤러 스탠스Regular stance : 왼발이 앞쪽으로 오는 자세

로테이션Rotation : 상체를 턴할 방향으로 돌리면서 회전하는 동작

리쉬Leash: 앞발과 보드를 연결하는 장치

바인딩Binding: 두발과 보드를 연결하는 장치

백사이드 턴Back side turn: 발뒤꿈치에 하중을 주면서 하는 턴

보드Board : 플레이트 또는 데크라고도 하며 기다란 널판지 형태의 보드를 말함

사이드웨이 스탠스Sideway stance: 보드를 옆 방향으로 타는 자세

사이드컷Side cut: 보드 옆구리의 쏙 들어간 부분

숄더Shoulder : 노즈와 테일에서 폭이 가장 넓은 부분

슈프르Spur: 스키 자국

스탠스Stance : 보드에 있는 발의 위치를 말함

스텝인Step in : 스키처럼 클릭커 형식으로 되어 있는 간편한 바인딩.

스톰패드Stomp pad : 두 바인딩 사이에 붙이는 미끄럼 방지를 위한 고무패드

알리Ollie : 앞발을 들어 올려 뒷발로 밟아 차고 점프 하는 기술

앵귤레이션Angulation: 상체를 골짜기 쪽으로 90도 가까이 구부린 자세

에어Air : 스노보드에서 점프를 하면서 포즈를 잡는 모든 기술을 말함

에지Edge : 활주면과 닿는 스노보드의 양단에 있는 스틸

엔티시페이션Anticipation : 에지를 세우고 있는 상태

역에지Edge : 반대의 에지가 걸리는 경우를 말함

웨이스트Waist : 보드 중앙의 가장 폭이 좁은 부분

캠버Camber : 보드 가운데 약간 볼록한 부분

테일Tail : 스노보드의 뒤쪽 부분

토우 사이드Toe side: 프런트 사이드라고도 하며 발끝의 에지를 말함

트릭Trick: 프리스타일계의 모든 기술을 총칭하는 용어

펌핑Pumping: 두 발 동시에 점프하는 동작

프런트 사이드 턴Front side turn : 발가락 끝에 하중을 두면서 하는 턴

힐 사이드Heel side : 백사이드라고도 하는데, 발뒤꿈치의 에지를 말함

– 출처 : http://www.iskiboard.co.kr/ski_all/03_word.htm

스키 관련 홈페이지

대한스키협회 – http://ski.sports.or.kr/ski

대한스키패트롤협회 – http://www.koreaskipatrol.com

한국장애인스키협회 – http://www.ksfd.com/

대한스키지도자연맹 – http://www.ksia.co.kr/

참고도서

임번장, 정철수, 현대스포츠시리즈6 스키, (주)교학사, 1998년

김남수 · 백정범 · 심창섭 · 옥명철 · 유연식 · 임호남, 사회체육실기종목3, 교학연구사, 1999년

이명수, 레저스포츠와 건강, 한올출판사, 2000년

구연원, 생활과 스포츠, 도서출판 홍경, 2001년

와타나베 신이치, 스노보드, 삼호미디어, 2007년

크라운출판사 편집부, 초보자가 쉽게 배울 수 있는 스키교본, 크라운출판사, 1998년

그 외 네이버 백과사전, 네이버 지식사전, 브리태니커 백과사전, 위키백과사전 등 참고

기분 좋은 만남의 도시, 평창

젊음의 도시, 행복이 가득한 곳,
HAPPY 700 평창에서 행복을 가져가세요.

◆ 행복과 젊음의 도시 평창

HAPPY 700 평창 은 평창군의 BI(Brand Identity)로서 해발 700m 지점이 가장 행복한 고도이며 인간과 동 · 식물이 가장 이상적인 생활을 할 수 있는 곳이라는 의미로, 평창군은 신선한 공기와 맑은 물이 인체의 리듬을 살아 숨 쉬게 하고 건강한 삶, 행복한 마음, 밝은 미래가 펼쳐지는 고장입니다.

이러한 자연환경은 오대산 월정사를 비롯한 오랜 역사에 녹아들어 봄, 여름, 가을, 겨울 사계절 쉼터와 놀이터이며, 청정 농산물과 대관령 한우가 사람과 더불어 건강하게 자라고 있습니다.

◆ 평창이 유치한 2018 평창동계올림픽

PyeongChang 2018

새로운 지평(NEW HORIZON)이라는 목표를 세계에 제시하면서 두 번의 실패를 딛고 2011년 7월 6일 남아프리카공화국 더반에서 압도적인 표차로 유치한 2018 평창동계올림픽은 국민에게 자긍심과 희망을 심어주면서 동시에 미래에 대한 새로운 도전의식을 요구하고 있습니다.

앞선 유치 과정이 평창의 저력과 대한민국의 힘을 보여준 것이라면 새로운 지평(NEW HORIZON)이라는 이상을 현실화하는 2018 평창동계올림픽의 성공적 개최는 모두가 즐길 수 있는 아름다운 꽃을 피우는 것이자 전 세계와 미래

◆ 평창의 먹을거리 – 흙과 바람과 강이 만든

평창송어

황태구이

황태국

메밀막국수

메밀부치기

산채정식

방림순대

민물고기매운탕

올챙이국수

꼴두국수

곤드레밥

대관령한우

반 컨퍼런스가 가능하다. 뿐만 아니라, 알펜시아 컨벤션 센터는 최근 '알펜시아 그랜드 볼룸 웨딩'을 런칭하였으며 특별한 웨딩 서비스를 선보인다.

· · 알펜시아 뮤직텐트 & 콘서트홀

매년 7, 8월 여름 내내 세계적인 음악 거장들의 연주와 마스터클래스로 꾸며지는 대관령국제음악제가 알펜시아 뮤직텐트에서 개최된다.

· · 오션 700

알펜시아 '오션 700'은 국내 최대 규모의 실내형 워터파크로 약 2만㎡의 공간에 연간 100만명 이상을 수용할 수 있으며, '대관령 700M 고지에서 느끼는 열대 아일랜드'를 콘셉트로 하고 있다. 또한 국내 최초로 카멜백 슬라이드, 토네이도, 튜브 슬라이드, 바디 슬라이드 등의 인기 물놀이 시설이 모두 실내에 설치되어 있어, 365일 내내 물놀이의 즐거움을 만끽할 수 있다.

· · 알펜시아 스키&스노보드

총 6면으로 구성된 알펜시아 스키&스노보드는 중급자 및 스노보드 전용으로 운영하며 안전을 최대한 고려하여 완만하고 넓게 조성했다. 스키스쿨에서 편리하고 재미있는 스키레슨을 즐길 수 있으며, 가족과 보드 마니아를 위한 보드파크부터 온 가족이 함께할 수 있는 눈썰매장, 스키 하우스와 정상의 휴게소인 스키 힐라운지까지 최적의 시설을 갖추었다.

· · 알파인코스터

알펜시아 스키장 슬로프 사이에 위치한 알파인코스터는 최고 속도 40km의 빠른 스피드를 경험할 수 있다. 스키 리프트를 타고 정상에 올라가서 보는 대관령 전경과 알파인코스터를 타고 내려오면서 감상하는 약 33,000㎡의 야생초화원 전경은 또 다른 즐거움을 선사한다.

· · 알펜시아 700 골프 클럽

세계 명문 골프장의 모습을 고스란히 옮겨놓은 레플리카 코스로 18홀 정규코스 구성이며 박세리가 1998년 US오픈에서 연장 끝에 우승한 홀로 유명한

Blackwolf Run을 비롯, 최경주가 PGA투어 컴팩클래식에서 최초로 우승한 코스인 English Turn Club, 1921년 조지 크럼프가 설계하여 골프코스 매거진에 100대 코스 리스트에서 1위 자리를 수차례 차지한 Pine Valley Golf Club 등을 모두 알펜시아 퍼블릭 골프장에서 경험할 수 있다.

알펜시아 스포츠 파크

··알펜시아 스키점핑타워

알펜시아 스포츠 파크에 지상 115m 높이로 세워져 알펜시아의 환상적인 공간을 조망할 수 있도록 설계됐다. 국제적 수준의 시설과 11,000여석의 관람석을 갖추고 있으며 '2009, 2011 세계스키점프 FIS컵 대회'를 성공적으로 치를 만큼 대외적으로 인정받고 있다.

··알펜시아 모노레일

알펜시아 모노레일은 스키점핑타워 하단에서부터 스키점핑타워 앞까지 이동하는 수단으로 스키점프대회시 선수들이 이동수단으로 사용할 예정이다. 모노레일을 타고 점핑타워까지 가는 동안 스키점핑타워와 메인스타디움을 비롯하여 알펜시아의 아름다운 경관을 관람할 수 있다.

··메인 스타디움

총 15,500여 명을 수용할 수 있는 스타디움은 동계 시즌 이후에는 천연잔디 축구경기장으로 활용됩니다.

··크로스컨트리 & 바이애슬론

2008년 바이애슬론 월드컵 개최로 세계인들의 시선을 집중시켰으며, 2009 바이애슬론 세계선수권대회를 성공적으로 치렀다.

··봅슬레이 스타트 훈련장

2010년 8월 24일 준공된 봅슬레이와 스켈레톤, 루지 스타트 훈련장은 길이 120m, 폭 3m의 봅슬레이, 스켈레톤 스타트 훈련장과 길이 110M, 폭 1.5m의 루지 스타트 훈련장이 있다. 또 지상 2층, 연면적 396㎡에 숙소와 사무실, 계측실, 헬스장 등을 포함한 훈련장 관리동도 마련되어 있다.

Enjoy your dream 휘닉스파크

휘닉스파크는 호텔, 콘도, 스키장, 골프장, 레저시설 등 최첨단 시설을 갖춘 산악형 종합 휴양 리조트이다.

FIS(국제스키연맹)의 공인을 받은 슬로프 4면을 포함해 총 23면의 슬로프를 가진 국내 최고 설질의 스키장과, 골프황제 잭 니클라우스가 설계한 18홀의 멤버십 골프클럽, 9홀의 퍼블릭 골프코스, 독특한 격자무늬 설계로 유명한 메인 콘도, '가을동화'의 촬영지인 유로빌라 콘도, 강원권 최초의 특급호텔인 휘닉스파크 호텔, 단체 이용객들을 위한 유스호스텔, 그리고 야외 수영장을 포함한 다양한 레저 시설 등이 준비되어 있다. 또한 2008년 여름, 초대형 워터파크 블루캐니언을 개장하면서 온 가족이 즐길 수 있는 4계절 리조트로 도약하고 있다.

평창 동계올림픽 유치 확정으로 올림픽 경기장으로 사용될 곳들의 경기장 조성 작업이 한창인 가운데 휘닉스파크에서는 고객들이 직접 동계올림픽 공식 코스를 미리 즐길 수 있다.

2018년 평창 동계올림픽 유치 결정에 따라 프리스타일과 스노보드 부문 총 6경기(스노보드 3종목: 하프파이프, 스노보드 크로스, PGS, 스키 프리스타일 3종목: 모굴, 에어리얼, 스키크로스)를 진행하는 휘닉스파크는 이미 2개의 국제규격 슬로프를 스키장을 찾은 고객들에게 공개해 마니아들의 뜨거운 사랑을 받고 있다.

주요시설

스키월드

1995년에 개장한 휘닉스파크 스키월드는 태기산(해발 1,050m) 천혜의 지형을 살린 계곡형 슬로프 설계로 뛰어난 설질을 자랑한다. 다채로운 재미를 자랑하는 23면의 슬로프와 8기의 리프트, 최신형 곤돌라 그리고 스키강습과 하프파이프 이용객을 위한 컨베이어 벨트 6기 등이 설치되어 있다.
특히 정상에서부터 스키 베이스까지 연결되는 2.2km, 평균 폭 46m의 '파노라마' 슬로프는 초보자부터 상급자까지 다양한 재미를 느끼실 수 있도록 설계되어 휘닉스파크 스키장을 대표하는 슬로프로 자리매김하고 있다. 2003년부터는 스노보더들을 위해 익스트림 파크가 운영되고 있으며, 2005년에는 총연장 2km의 초중급자용 '키위' 슬로프와 중상급자용 '듀크' 슬로프 등을 신설했다. 또한 온눈테마파크 스노빌리지를 오픈하면서 눈썰매와 튜브 봅슬레이 등으로 가족 고객들의 마음을 사로잡았다.

골프클럽

1998년에 개장한 휘닉스파크 골프클럽은 국내 최초로 잭 니클라우스가 코스 설계를 맡아 관심과 화제를 불러 모았다. 총연장 6,336m, 18홀로 구성된 휘닉스파크 골프클럽의 코스는 광대한 자연지형을 최대한 이용한 코스로서 힘과 정확도의 균형에 역점을 두고 있으며, 환경 친화적이고 자연스러운 아름다움을 추구하고 있다.
마운틴 코스(Mountain course, 1~9홀)는 울창한 침엽수림으로 구분되는 웅대하고 아름다운 페어웨이의 경관을 살리면서 전략성을 높여 치밀한 경기 운영을 필요로 한다.

레이크 코스(Lake course, 10~18홀)는 자연스러운 마운드와 7개의 거대한 호수가 홀을 따라 자리 잡고 있어 공략시 과감한 도전의식을 요구한다.

휘닉스파크 골프클럽은 철저한 리조트 회원제 클럽으로서 일반 골퍼들이 라

운딩을 하기 위해서는 회원의 동반 또는 추천이 필요하다.

2001년부터 한국프로골프(KPGA) 선수권대회와 한국여자프로골프(KLPGA) 대회를 개최하고 있는 휘닉스파크 골프클럽은 참가한 프로 골퍼마다 극찬을 아끼지 않는 국내 최고 수준의 코스 관리능력을 자랑한다. 2003년 대한민국 베스트 톱10 코스에 이름을 올린 이후로 7회 연속 대한민국 베스트 코스로 선정되며 골프회원과 프로골퍼 그리고 골프계 인사들에게 두루 사랑을 받아왔다.

숙박 시설

··콘도

휘닉스파크 콘도는 국내 콘도 중 최고층을 자랑하는 스카이 콘도(28층)를 포함하여 콘도 3개 동, 빌라 4개 동으로 구성되어 있다. 콘도 내에 수영장, 레스토랑 등 각종 편의시설이 함께 있는 원스톱 시스템을 갖추고 기후에 관계없이 동선을 유지할 수 있는 지하보도가 설치되어 있다.

블루, 그린, 오렌지 동으로 구성되어 있는 메인 콘도는 동양과 서양의 이미지를 절묘하게 조화시킨 건축물로 유명하다. KBS 미니시리즈 '가을동화'의 메인 촬영지인 유로빌라 콘도는 국내는 물론 동남아 관광객의 발길이 끊이지 않고 있는 관광 명소이다.

2003년부터는 1,000여 명을 수용할 수 있는 76실 규모의 유스호스텔이 완공되어 각종 대형 행사 및 학생들의 스키캠프 전용 숙소로 이용되고 있다.

··호텔

휘닉스파크 '더 호텔'은 자연 속에서 레저와 비즈니스를 동시에 즐길 수 있는 강원권 최초의 특급 호텔(5성급)로 141개의 객실을 갖추고 있습니다. 본격적인 리조트형 호텔인 휘닉스파크 더 호텔의 인테리어는 화려함보다는 절제되고 우아한 현대적인 감각을 살린 것이 특징이다.

국제 세미나와 워크숍이 가능한 최첨단 A/V 시스템과 연수 시설은 자연 속에서도 비즈니스를 처리할 수 있는 특별함을 제공하고 있다. 1996년에는 아시아 5개국 대표가 참가하는 아시아 개발 포럼이 개최되기도 했다.

··레포츠

스키 시즌이 끝나는 4월부터 10월 말까지 휘닉스파크는 레포츠의 천국이 된다. 협동심과 단결력을 키우는 챌린지 어드벤처 코스, 자연지형을 그대로 이용한 서바이벌 게임장, 산악자전거 등은 산악지형을 기반으로 하는 휘닉스파크 특유의 레포츠이다.

그리고 스키 베이스에서는 트램폴린을 이용한 놀이 기구인 유로 번지와 누구나 쉽게 즐길 수 있는 전동 골프카트 트랙 등을 신설하여 더욱 다양한 재미를 즐길 수 있다.

이외에도 9홀의 퍼블릭 골프코스, 골프 연습장(아웃도어 드라이빙 레인지), 실내/외 수영장, 볼링장, 양궁장, 인라인 스케이트, 자전거, 포켓볼장 등 온 가족이 함께 즐길 수 있는 다양한 레저 시설이 있다.

··워터파크

'고품격 지중해풍 물놀이 공간'을 테마로 한 휘닉스 블루캐니언은 실내 3,500평, 실외 4,500평 등 총 8,000평의 대규모 워터파크로 동시에 10,000명 이상이 이용할 수 있다. 지하 700미터 밑에서 끌어올린 1등급 수질의 천연광천수는 강원도의 맑은 공기와 함께 이용객들의 피로를 풀어주는 데 한몫을 한다.

실내는 온 가족이 즐길 수 있는 편안한 공간, 실외는 재미있고 흥미진진한 공간으로 구성되어 각기 다른 종류의 물놀이 시설은 물론, 고품격 스파 시설까지 제공한다.

한국의 알프스 용평리조트

1975년에 탄생한 용평리조트는 해발 700~1500m의 청정고원에 자리 잡고 있으며 연평균 250cm의 적설량에 11월 중순부터 이듬해 4월초까지 스키를 즐길 수 있는 천혜의 입지조건을 가지고 있다. 이를 바탕으로 용평리조트는 한국 스키의 메카, 한국의 알프스라고 불리며 국내 스키 발전과 대중화에 큰 기여를 해왔다.

용평은 월드컵스키대회와 동계아시안게임 등의 국제대회를 다년간 성공적으로 개최해 유럽에도 잘 알려져 있고, 일본을 비롯한 아시아권의 스키어와 관광객들에게도 명성이 높다. 아울러 강원도와 함께 2018 동계올림픽 유치에 앞장섰고, 현재 2018 평창 동계올림픽의 주요 개최지로 지정되어 있다.

◆ 주요시설

스키장

총 31면의 슬로프와 총 15기의 리프트 및 동양 최대 길이의 곤도라(왕복7.4km)를 보유하고 있다. 실버, 골드, 레드 및 월드컵 코스인 레인보우 Ⅰ, Ⅱ, Ⅲ 슬로프가 국제스키연맹으로부터 국제공인을 받았다.

스노보더를 위해 지난 1999년 국제규격보다도 큰 슈퍼하프파이프를 설치했고, 2002년에는 국내 최초의 터레인파크인 드래곤파크를 설치했으며 이외에 눈썰매장도 보유하고 있다.

숙박 시설

··드래곤밸리 호텔

용평의 전경이 한눈에 들어오는 전망이 일품으로 한실, 양실, 스위트룸 총 191실을 보유하고 있는 지하1층, 지상 9층 규모의 5성급 특급호텔이다.

··타워콘도미니엄

지하1층, 지상 10층의 유럽풍 콘도로 18평형 객실 208실을 보유하고 있다. 그리고 행사 규모에 따라 이용할 수 있는 다양한 회의실 7실이 있다.

··빌라콘도미니엄

스키 슬로프와 근접해 있고, 골프장 전경이 한눈에 들어오는 4~5층 규모의 독립 코티지식이며 28평, 41평, 48평형으로 구성된 총 416실이 있다.

··용평콘도미니엄

용평 입구의 오른편에 자리 잡고 있는 전원풍의 전통 콘도미니엄이다. 17평형, 34평형 총 205실을 갖추었다.

··용평호스텔

울창한 침엽수림을 배경으로 한 스위스풍의 숙박 시설로 총 73실을 보유하고 있으며 온돌룸과 벙크베드룸으로 구성되어 있다.

··버치힐 콘도미니엄

자작나무 숲속에 조성된 국내 최고급 별장형 콘도미니엄으로서 미국의 비버크릭을 모델로 개발되었다. 총 37평에서부터 76평까지 450실의 객실이 있다.

··베르데힐 콘도미니엄

지하 1층, 지상 8층, 총 7개동 규모로 38평형 112실, 46평형 109실 등 총 224실을 갖추고 있다. 겨울철 스키 시즌에는 전 객실에서 설원을 조망할 수 있으며 콘도 단지 내에 스키 하우스가 있다.

··포레스트 레지던스 콘도미니엄

79~230평형의 대형 객실 167실과 피트니스룸, 미니마켓 등 6개의 부속동으로 이뤄져 있다. 대한민국 최상층을 대상으로 최고급 호텔 못지않은 편의와 품격을 뽐낸다.

용평 워터파크 PEAK ISLAND

2009년 7월에 개장한 피크 아일랜드는 여름 속의 겨울, 겨울 속의 여름이란 콘셉트로 365일 이용 가능한 가족 중심의 휴양지이다. 용평리조트의 겨울 이미지를 강조하여 다른 곳의 물놀이 시설과 차별화하였다.

드래곤 프라자

연건평 5,000평에 지상 3층 지하 1층 규모로 각층마다 각종 부대시설 및 편의 시설이 있고, 스키 대여소에는 Castel 및 Rossignal 제품 등 고급스키와 부대장비를 보유하고 있다.

휘트니스 센터

타워콘도미니엄 1층에 위치한 휘트니스 센터는 슬로프와 바로 연결되어 스키어들이 편리하게 이용할 수 있는 부대시설이 자리 잡고 있다. 슈퍼마켓, 사우나, 커피숍, 노래방, 당구장, 패스트푸드점 등이 있다.

골프장

세계적인 골프 코스 디자이너 Robert Trent Jones JR.가 설계한 용평골프클럽은 매홀마다 환상적인 풍경과 다양한 코스의 변화를 맛볼 수 있는 정통 프라이빗(Private) 골프장이다.

용평 퍼블릭 골프코스는 용평의 고직이면 누구나 이용할 수 있는 대중 골프장이다. 정통 스코틀랜드 양식으로 설계되었다.

버치힐골프클럽(18홀)은 자연을 그대로 담아내는 것을 콘셉트로 전문가와 가족이 함께 즐긴다는 패밀리 스타일에 초점을 맞춘 곳이다.

기타 스포츠 및 부대시설

수영장, 사우나, 볼링장, 라켓볼장의 인도어(Indoor) 스포츠 시설과 용평케이블카, 산악썰매, 인도어골프, 피치&퍼터, 게이트볼, 산악자전거, 양궁장, 서바이벌게임장, 실외테니스코트, 범퍼카, 밧데리카, 잔디축구장, 농구장, 족구장, 배구장, 산림욕로, 등산로, 발건강로 등이 있다.